中外巨人传

关 汉 卿

刘 磊 著

辽海出版社

图书在版编目（CIP）数据

关汉卿 / 刘磊 著. —沈阳：辽海出版社，2011.12
（中外巨人传）
ISBN 978-7-5451-1156-9

Ⅰ. ①关… Ⅱ. ①刘… Ⅲ. ①关汉卿（约 1210～1279）—传记
Ⅳ. ①K825.6

中国版本图书馆 CIP 数据核字（2011）第 224380 号

责任编辑：柳海松
责任校对：顾 季
装帧设计：马寄萍

出 版 者：辽海出版社
　　地　　址：沈阳市和平区十一纬路 25 号
　　邮　　编：110003
　　电　　话：024-23284473
　　E-mail:dyh550912@163.com
印 刷 者：天津海德伟业印务有限公司
发 行 者：辽海出版社

幅面尺寸：165mm×230mm
印　　张：9.5
字　　数：105 千字

出版时间：2012 年 5 月第 1 版
印刷时间：2019 年 1 月第 4 次印刷
定　　价：23.00 元

·目　录·

前　言

　　近代学者王国维在《宋元戏曲史》中说："凡一代有一代之文学：楚之骚，汉之赋，六代之骈语，唐之诗，宋之词，元之曲，皆所谓一代之文学，而后世莫能继焉者也。"将楚骚汉赋，宋词元曲称为"一代之文学"，并不是因为那个时代只有它们一枝独秀，也不仅仅是某种文学体制发展到最完备阶段的表现，而是因为它们最能让后世看到这个时代的风貌与精神。

　　在元初那样一个特殊的年代里，先后经历了烽火连绵的乱世，故国沦亡的悲恸，强迫划分的等级制度让民族对立情绪不断激化，长期废止的科举考试让大部分士人失去了进身之阶。而关汉卿就在这时"一空依傍，自铸伟词"，以笔挟风雷之势登上剧坛。对黑暗势力的鞭挞和揭露，对小人物反抗精神的歌颂，勇于追求幸福的女性，扬眉吐气的文人，为民做主的清官……他用笔抨击着社会的丑恶和不公，一切在世间难以实现的理想，都在他的舞台上得以实现。

　　关汉卿是元初最早的一批剧作家之一，从题材到体制都有着开创之功，为元曲的发展创立了很好的范式。他也是个狂狷的人，

"我是个蒸不烂煮不熟捶不匾炒不爆响珰珰一粒铜豌豆"（[南吕·一枝花]《不伏老》），已经成为众所周知的自画像。但是，就像很多通俗文学作家一样，他的身世家门，生平经历，都只在史料中留下很少的鳞爪。不过好在，《窦娥冤》《拜月亭》《救风尘》这些耳熟能详的名字，悲欢离合的故事，已经和他的名字联系在了一起。如果想认识关汉卿，了解这个人和他所身处的时代，我们大概还是要到他的作品中，到那些人物的故事里去细心寻觅。

一、关汉卿的生平和作品

1. 关汉卿的生平概况

元代周德清在《中原音韵序》中，曾经说："乐府之盛，之备，之难，莫如今时。其盛，则自搢绅及闾阎歌咏者众。其备，则自关、郑、白、马一新制作，韵共守自然之音，字能通天下之语，字畅语俊，韵促音调。"

所提到的"关、郑、白、马"也就是后来传称的"元曲四大家"：关汉卿、郑光祖、白朴和马致远。将关汉卿列于四人之首，可见他的声名在元代便已经十分显赫了。但这样一位伟大的戏剧家，所留下来的相关资料却很少。也许真的是像王国维所说，"为时既近，托体稍卑，故两朝史志与《四库》集部，均不著于录；后世儒硕，皆鄙弃不复道"[1]——在元明清三代的史料文献中，往往都是些模糊甚至矛盾的记载。所以对于关汉卿的生平，许多地方我们至今还是无法下断言，只能勾勒出一个大概的轮廓。

---

[1]王国维《宋元戏曲史·自序》

(1) 字号

关汉卿姓名、字号的最早记载，见于元代贯云石的《阳春白雪序》和钟嗣成的《录鬼簿》，二者都称关氏为"关汉卿"。虽然没有直接说明是"名"还是"字"，但从上下文来看，《阳春白雪序》所说"徐子芳（琰）滑雅，杨西庵（果）平熟"，"关汉卿、庾吉甫（天赐）选语妖娇"，提到的其他几位元代曲家都是用了"字"或者"号"。《录鬼簿》在著录杂剧作家时也多称"字"，由此推测，"汉卿"应该也是关氏之字而非名讳。稍晚一点的一些资料则说得更清楚：

关一斋，字汉卿。燕人。生而倜傥，博学能文，滑稽多智，蕴藉风流，为一时之冠。是时文翰晦盲，不能独振，淹于辞章者久矣。（熊梦祥《析津志·名宦》）

已斋老叟播声名，表字相同亦汉卿。（贾仲明吊益汉卿［凌波仙］）

实甫，汉卿，皆字，非名也。（王骥德《新校注古本〈西厢记〉》）

元代曲家多以字行，如王实甫，马致远等名家都是如此。而名则往往不称，乃至湮没于后世。从各类曲学文献中，我们可以确认"汉卿"是关氏的字，并以此行于世，但他的名字已经无从查考了。尽管学者们也提出了很多种推论，但都缺乏十分确凿的证据。至于关汉卿的号，《录鬼簿》中"号已斋叟"也是最早的记录。除孟称舜本《录鬼簿》写作"巳斋叟"外，其余诸本均作"已斋叟"，推测"巳"应当是"已"的误写。而《析津志》中写作"一斋"，也有学者认为"一斋"是"已斋"因为声似而造成的误写，不过目前学界多认为"一斋"和"已斋"可以并称。

（2）籍贯

关汉卿的籍贯在元明清曲学资料中共有四种说法。钟嗣成《录鬼簿》中说是"大都人"，熊梦祥《析津志·名宦》说是"燕人"，朱右《元史补遗》、邵远平《元史类编·文翰传》等处称"解州（今山西运城）人"，清代乾隆二十年修撰的《祁州志》说关汉卿是"祁州（今河北安国）伍仁村人"。

元人所说"燕"大多是沿用辽代"燕京"的旧称，特指大都。前二说可以互证。祁州之说所出较晚，载《祁州志》卷八《纪事》"关汉卿故里"条：

> 汉卿，元时祁之伍仁村人也。高才博学而艰于遇，因取《会真记》作《西厢》以寄愤。脱稿未完而死，棺中每作哭泣之声。状元董君章往吊，异之，乃捡遗稿，得《西厢记》十六出。曰："所以哭者为此耳！吾为子续之。"携去而哭声遂息，续后四出以行于世。此言虽云无稽，然伍仁村寺旁有高基一所，相传为汉卿故宅；而《北西厢》中方言多其乡土语，至今竖子庸夫犹能道其遗事，故特记之，以俟博考。

这一记载更像是民间传说，因此修撰县志者也只是放入《纪事》部分，并说"以俟博考"。而且钟嗣成在《录鬼簿》跋文中说，"其所编撰，余友陆君仲良得之于克斋先生吴公"。吴弘道字仁卿，号克斋，曾经收集中州曲家往来书札，致力于保存当时文献，是元初剧坛的重要人物。而吴弘道的籍贯正是祁州，如果关汉卿与他真是同乡，《录鬼簿》上应该不会不提。因而祁州一说并没有什么非常令人信服的证据。

解州说最早出现于朱右《元史补遗》："关汉卿，解州人，工乐府，著北曲六十本。"

尽管《元史补遗》完成于明初，但朱右出生于延佑元年（1314），卒于洪武九年（1376），事实上应当算是元人。而且他是一位史学家，曾经因为史才为宋濂所推荐，修撰《元史》。称关汉卿是解州人，应该是有所依据的。而且解州元代属中书省平阳路，经济繁荣，是金元杂剧的发祥地之一，不少元剧大家都出于此地。此外，关汉卿的杂剧中有很多是以山西人物作为主角，可考者凡十三种①；很多杂剧中还有山西运城一带的方言②，这也是一个很好的证明。

但是这种说法又和大都说相矛盾。钟嗣成与关汉卿毕竟年代相近，又是从吴弘道处得到资料，应该也是可信度非常高的。又陶宗仪《辍耕录》中记载元代曲家王和卿事：

　　大名王和卿，滑稽挑达，传播四方。中统初，燕市有一蝴蝶，其大异常。王赋《醉中天》小令云："挣破

①解州为金元杂剧发祥地，关汉卿杂剧中有十三种以山西人为主角，两种说法见王纲《关汉卿研究资料汇考》，中国戏剧出版社1988年版，12—13页。
②王雪樵《为"关汉卿祖籍河东"说援一例》，《元杂剧研究》，陈平原主编，湖北教育出版社1993版，381页。

庄周梦，两翅驾东风。三百座名园，一采一个空。难道
风流种，吓杀寻芳的蜜蜂。轻轻飞动，把卖花人扇过桥
东。"由是其名益著。时有关汉卿者，亦高才风流人也，
王常以讥谑加之，关虽极意还答，终不能胜。王忽坐逝，
而鼻垂双涕尺余，人皆叹骇。关来吊唁，询其由。或对
云："此释家所谓坐化也。"复问："鼻悬何物？"又对
云："此玉箸也。"关云："我道你不识，不是玉箸，是
嗓。"咸发一笑。或戏关云："你被王和卿轻侮半世，死
后方才还得一筹。"凡六畜劳伤，则鼻中常流脓水，谓之
嗓病。又爱讦人之短者亦谓之嗓，故云尔。"

1260 年忽必烈建元中统，可见至少此时关汉卿已经来到大都。
此外，《录鬼簿》"前辈已死名公才人"部分也记载了好几位与
关汉卿有过交往的大都剧作家：

　　杨显之，大都人，与汉卿莫逆交，凡有文辞，与公
较之，号杨补丁是也。（天一阁本《录鬼簿》）

　　梁进之，大都人。警巡院判，除县尹，又除大兴府
判，次除知和州。与汉卿世交。（曹本《录鬼簿》）

　　费君祥，大都人。唐臣父，与汉卿交。有《爱女论》
行于世。（曹本《录鬼簿》）

也有学者认为关汉卿原籍解州，后来离开故乡赴大都。但是

《录鬼簿》中说大都人梁进之与关汉卿为"世交"。既为世交，至少二人的父辈应该同为大都或同为解州人，又是矛盾。于是在没有更多有力的证据之前，虽然不能否认解州一说，但还是暂以《录鬼簿》大都说为准较好。

(3) 生卒年

关汉卿的生卒年更是几乎没有原始资料可考，只能通过交游情况，旁人记载和对关汉卿一些曲文的考辨来寻求蛛丝马迹。大半个世纪以来，关汉卿的生卒年一直是学术界争论不下的话题。归纳起来大概有三种观点：

首先是本世纪 30 年代初，郑振铎先生在《插图本中国文学史》中提出的：

> 《录鬼簿》称汉卿为已死名公才人，且列之篇首，则其卒年至迟当在 1300 年以前，其生年至迟当在金亡之前的二十年（1214 年）。

赵万里也持相近的观点，认为"我们暂定关汉卿生于 1210 年左右，死于 1280 年左右，想来是很有可能的。"[①]

第二种说法以孙楷第先生为代表。孙先生在《关汉卿行年考》一文中考证元初诸曲家与名伶珠帘秀的交往，诗文唱和，并参照夏庭芝《青楼集·珠帘秀传》与贯云石《阳春白雪序》提及人物的排列顺序，最后认为关汉卿与卢挚、冯子振生年相仿，推断关汉

---

①赵万里《一点补正》，载《关汉卿研究论文集》，转引自李汉秋《关汉卿研究资料》，365 页。

卿并非金遗民，生年应在 1241—1250 年之间，卒年应在 1320—1324 年之间。但这样一来，关汉卿在中统建元时只有十几岁，还没到"不屑仕进"的年纪，与郏经《青楼集序》所说有了矛盾。而且如果关汉卿生于此时，比白朴等人几乎差了一辈，又怎么能让朱权在《太和正音谱》中以他为"杂剧之始"？

第三种说法以胡适，王季思二位先生为代表。胡适判断关汉卿生年大约在 1220–1230 年之间，卒年不会早于 1300 年。他对几则史料中关汉卿是"金遗民"的说法提出了质疑：

开国遗音乐府传，白翎飞上十三弦；大金优谏关卿在，《伊尹扶汤》进剧编。（杨维桢《元宫词》）

我皇元初并海宇，而金之遗民若杜散人、白兰谷、关已斋辈，皆不屑仕进，乃嘲风弄月，留连光景，庸俗易之，用世者嗤之。三君之心，固难识也。（元郏经《青楼集序》）

胡适认为，杨铁崖和郏经"都是元末明初的人，都不足为凭"。并且援引郑振铎的观点，举出关汉卿［南吕·一枝花］《杭州景》为反证：

［一枝花］普天下锦绣乡，寰海内风流地。大元朝新附国，亡宋家旧华夷。水秀山奇，一到处堪游戏，这答儿忒富贵。满城中绣幕风帘，一哄地人烟凑集。

"大元朝新附国，亡宋家旧华夷"这样的句子，的确不像是"亡金遗老的口气"。元军攻陷临安在元世祖至元十三年（1276），据《元史·世祖本纪》载，至元十四年（1277）十一月，"庚子，命中书省檄谕中外，江南攻平，宋宜曰亡宋，行在宜曰杭州。"也就是说，关汉卿这一组套曲的写作时间最早也在1277年年底之后。再看曲中"满城中绣幕风帘，一哄地人烟凑集"的描绘，也不像是城破不久的时候应有的风光。

　　但是胡适以关汉卿的《大德歌》来判断卒年，认为此调以元成宗的"大德"年号为名，一定是作于晚期，最后结论是关汉卿卒年不会早于大德四年（1300）。但是大德年号前后十一年（1297—1307），《大德歌》作于任何一年都是可能的。王季思先生则通过作品对比，指出关汉卿《诈妮子》中"你又不是残花酝酿蜂儿蜜，细雨调和燕子泥"是借用自胡紫山《阳春曲》。胡紫山生于1227年，那么依常理而论，关汉卿生年必晚于此年。卒年则以"大德"年号为限，认为应该在1297年之后。不过即便关汉卿此句真是借自胡紫山，也不能由此而断言二人年龄。何况贺铸《谒金门》词中有"燕子分泥蜂酿蜜"句，应当是此句的最早出典。白朴《墙头马上》有"残花儿酝酿蜂儿蜜"，卢挚〔沉醉东风〕中有"残花酿蜂儿蜜脾，细雨和燕子香泥"，也是元曲中常用的句式，未必就一定来自紫山。以此来判断关氏生年，未必准确。

　　吴晓铃、刘世德、顾学颉几位先生在判断《窦娥冤》写作时间时，都得出了一个观点，窦娥的父亲窦天章在第四折中，担任的官职是"肃政廉访使"。而《元史·百官志》记载，元代至元二十八年（1291），才改"按察使"为"肃政廉访使"。所以《窦娥冤》必然作于1291年之后。徐沁君先生又举出《永乐大典》卷二千六百十"台"字韵引用的元代《南台备要》，以及《元史·崔彧传》，确认"淮东道肃政廉访司由淮安移扬州，是在至元二十九年二月"。这样，《窦娥冤》的创作年代最早也在1292年之后。此外徐先生还提出，剧中"亢旱三年"的事情，是元代大德年间发生在扬州，淮安一带的史实。据《元史·成宗纪》，大德元年到大德三年（1297—1299），扬州、淮安两路大旱，元王朝下令免租赈粮，可见情况相当严重。之后三年中，这一带仍有旱灾和蝗灾。关汉卿不会未卜先知，很可能是将这样的史实进行艺术加工，从而产生震撼人心的艺术感染力。因此推定，"《窦娥冤》当创作于大德三年（1299）之后"[1]。这一结论是相当令人信服的。

因此我们可以推断，关汉卿的卒年应该在元大德四年（1300）年左右。根据《辍耕录》的记载，中统初年，关汉卿已经以"高才风流"闻于世，谐谑善嘲。忽必烈的"中统"年号共五年（1260—1264），当时关汉卿应在盛年。推测他的生年在1220—1230之间，应该是比较可靠的。

（4）官职

《录鬼簿》中说："关汉卿，大都人，太医院尹，号已斋叟。"《说集》本、孟本、贾本作"太医院户"。

太医院是金代和元代都有的机构，但两朝都没有"太医院尹"这一官职。《尔雅·释言》："尹，正也。"有学者指出"尹"在中国历史上通常指官正，"太医院尹"极可能是太医院正职的俗称。《金史·百官志》："太医院，提点，正五品；使，从五品。"《元

---

① 徐沁君：《〈窦娥冤〉三考》，《黄石师院学报》1983年第4期，85页。

史·百官志》："太医院，佚正二品。掌医事，制奉御药物，领各属医职。"关汉卿究竟有没有担任过太医院正职，如果有的话，又究竟是在金代还是元代？这也是一个争论了很久的问题。

学界通常有三种观点，第一种观点认为关汉卿没有担任过这么高的官职。《录鬼簿》的三种明版本都作"太医院户"，而清代的曹栋亭本相对晚出，很可能是后来的版本把"户"错写为"尹"。由此推断关汉卿只是户籍由太医院管理，也许懂一点医术，或者是个寻常医士。关于这种说法，元代的确有"医户"之称，即户籍归太医院管理。但是按《录鬼簿》的记述习惯，通常只录籍贯官职，并不收载户籍，没有什么理由要对关汉卿开这个例外。而且明代还有其他资料，也称关汉卿为"院尹"。如胡侍《珍珠船》："关汉卿入太医院尹。"王骥德《王实甫关汉卿考》称他为"太医院尹"。顾玄纬《增编会真记序》也称为"关院尹"。尽管"太医院户"一说为很多学者所认同，也有不少文学史采用了这一观点，但还是不能视为铁论的。

第二种观点是，关汉卿确实在金朝担任过太医院尹。明代的蒋一葵在《尧山堂外纪》中说："关汉卿，号已斋叟，大都人。金末为太医院尹，金亡不仕。"但"大元朝新附国，亡宋家旧华夷"这样的句子，看起来实在不像"金亡不仕"的人所写。而且从关汉卿的全部作品来看，也并没有很明显的遗民情绪。

此外杨维桢在《元宫词》中称关汉卿为"大金优谏"，这一点似乎也不能算作很有力的证据。杨维桢是元末诗人，而且忠于元朝，元亡不仕。在《正统论》中曾经力贬辽金，称"大金"似乎于理不合。很可能是舛误或者另有别解。另，邾经《青楼集序》称"金之遗民若杜散人、白兰谷、关已斋辈"。金亡时杜仁杰大约三十余岁，入元不仕。白朴为金朝显官后裔，入元亦不仕。固属于金遗民。但对于关汉卿，史料上却没有留下任何证据。而且，金亡于 1234 年。根据前文生卒年的推定，关汉卿在当时顶多只有十几岁。就算把生年再往前提十年，一个二十多岁的青年人担任太医院正职，也是于理不合的。

第三种观点，关汉卿曾在元代担任太医院尹。从《录鬼簿》的行文来看，如果关汉卿在金代担任太医院尹的话，应该会在名下写明。既然没有特殊标出，应该默认为元朝。反对这一意见的学者通常认为，元代的太医院正职是正二品，职位很高，这和关汉卿的"不屑仕进"未免相互矛盾。然而，"不屑仕进"毕竟只是一种人生态度。从关汉卿的一些散曲作品中看，很像是曾经担任过官职：

[天净沙] 平生肥马轻裘，何须锦带吴钩。百岁光阴转首，休闲生受，叹功名似水上浮沤。（[越调·斗鹌鹑]《女校尉》）

[歇指煞] 恁则待闲熬煎闲烦恼闲萦系，闲追欢闲落魄闲游戏，金鸡触祸机。得时间早弃迷途，繁华重念箫韶歇，急流勇退寻归计。采蕨薇，洗是非；夷齐等，巢由辈。这两人谁似得：松菊晋陶潜，江湖越范蠡。（[双调·乔牌儿]）

散曲中往往可见曲家情志，关汉卿很可能是有过"锦带吴钩"的生涯，然后才"急流勇退"的，这又何尝不能算作是"不屑仕进"的表现呢？元代熊梦祥把关汉卿列入《析津志·名宦》，并在该卷前序中写道："自今宋亡后，迨且百年，故家遗民而入国朝，仕为美官，树勋业，贻厥子孙者，斑斑可见。"这和关汉卿生于金末，入元为官的推断也是相符的。

(5) 交游

明初戏曲家贾仲明在《书〈录鬼簿〉后》写道："载其前辈玉京书会燕赵才人……自金之解元董先生，并元初汉卿关已斋叟以下，前后凡百五十一人。"可见关汉卿在元代"玉京书会"中是颇有影响力的。元代书会很多，另一位元曲大家马致远就是元贞书会的领袖人物①。在为《录鬼簿》诸名家补写挽词时，他写下了[凌波仙·吊关汉卿]，将关汉卿尊为元初曲坛的领袖：

> 珠玑语唾自然流，金玉词源即便有。玲珑肺腑天生就，风月情，忒惯熟。姓名香、四大神物。驱梨园领袖，总编修师首，捻杂剧班头。

元代曲家从来不是书斋里的书生。他们往往出入于市井之间，流连于勾栏瓦肆，和社会上各阶层的人物，三教九流均有往来，这让他们笔下的杂剧增加了无穷色彩。在历代文人之中，他们的交际范围也是最为广阔的。《录鬼簿》中所记载，杨显之、梁进之、费君祥三位曲家均与关汉卿相交莫逆。杨显之经常与关汉卿一起考订文字，因此得了个绰号"杨补丁"。贾仲明在为费君祥所

---

①贾仲明在《录鬼簿》"李时中"条下所补挽词："元贞书会李时中、马致远、花李郎、红字公，四高贤台捻《黄粱梦》。"

写的挽词［凌波仙］中说"君祥前辈效图南，关已相从看老聃，将楚云湘雨亲把勘"，可见关汉卿曾经与其南下同游，拜谒过老子故里，领略过潇湘暮雨。陶宗仪《辍耕录》中所记曲家王和卿与关汉卿交好，同游燕市，"王常以讥谑加之，关虽极意还答，终不能胜"，可想见当年的诙谐戏谑，名士风流。

　　臧晋叔在《元曲选序》中说："关汉卿辈争挟长技自见，至躬践排场，面傅粉墨，以为我家生活，偶倡优而不辞。"可见关汉卿自己也曾经粉墨登场，丝毫不以倡优为贱业。他与当时著名的女伶珠帘秀相交匪浅，据夏庭芝《青楼集》"珠帘秀"条记载，珠帘秀"姓朱氏，行第四。杂剧为当今独步；驾头、花旦、软末泥等，悉造其妙"，后辈称为"朱娘娘"。元剧中"驾头"为帝王戏，"末泥"是正末的别称，珠帘秀不仅擅演本行花旦，还能演帝王戏和末本戏，的确是技艺超凡，难怪在当时舞台上独擅胜场。关汉卿对她深为倾慕，曾写下套曲［南吕·一枝花］《赠珠帘秀》：

　　［一枝花］轻裁虾万须，巧织珠千串。金钩光错落，绣带舞蹁跹。似雾非烟，妆点就深闺院，不许那等闲人取次展。摇四壁翡翠浓阴，射万瓦琉璃色浅。

　　［梁州］富贵似侯家紫帐，风流如谢府红莲，锁春愁不放双飞燕。绮窗相近，翠户相连，雕栊相映，绣幕相牵。拂苔痕满砌榆钱，惹杨花飞点如绵。愁的是抹回廊暮雨萧萧，恨的是筛曲槛西风剪剪，爱的是透长门夜月娟娟。凌波殿前，碧玲珑掩映湘妃面，没福怎能够见。十里扬州风物妍，出落着神仙。

　　［尾］恰便似一池秋水通宵展，一片朝云尽日悬。你

个守户的先生肯相恋，煞是可怜，则要你手掌儿里奇擎着耐心儿卷。

"虾万须"、"珠千串"、"侯家紫帐"、"谢府红莲"均咏珠帘，代指珠帘秀。关汉卿喜爱珠帘与"双飞燕"的亲昵，厌恶如"榆钱"、"杨花"的轻薄纠缠。道教的道士，元代通称为先生。由"守户的先生肯相恋"一句可知，珠帘秀当时应已与道士洪丹谷相恋①。关汉卿赞美珠帘秀的美貌如同"出落着神仙"，却并没有半点轻薄不敬之意，只是表达了一片倾慕之情，以及不能亲近的遗憾。

关汉卿与梨园中人结交，显然不止珠帘秀一人。贾仲明为杨显之所写吊词〔凌波仙〕中提到"顺时秀，伯父称"，顺时秀也是当时名伶，《青楼集》称她"姿态娴雅，杂剧以闺怨最高，驾头诸旦本亦得体"。关汉卿既然同杨显之"莫逆之交"，与顺时秀想来也是相识的。再看关汉卿那套著名的〔南吕·一枝花〕《不伏老》中，更是自称"通五音六律滑熟"，"会围棋、会蹴鞠、会打围、会插科、会歌舞、会吹弹、会咽作、会吟诗、会双陆"，这样的一身"技艺"，又怎能不令梨园曲坛赏爱钦服。贾仲明称"驱梨园领袖，总编修师首，捻杂剧班头"，想来不会只是泛泛的溢美之词。

曲家卢挚曾填《寿阳曲·别珠帘秀》："才欢悦，早间别，痛

①元无名氏《绿窗纪事》载："钱唐道士洪舟（丹）谷与一妓通，因娶为室。……先是故（胡）紫山以此妓名珠帘秀，尝拟《沉醉东风》曲以赠之……冯海粟先生亦有《鹧鸪天》……皆咏帘以寓意也。"又陶宗仪《辍耕录》卷十五"与妓下火文"亦载洪丹谷事，但未提珠帘秀之名。

煞煞好难割舍。画船儿载将春去也，空留下半江明月。"而珠帘秀回赠《答前曲》道："山无数，烟万缕，憔悴煞玉堂人物。倚逢船一身儿活受苦，恨不得随大江东去。"词句清新，末句语出天然，情意绵长。珠帘秀是一代名伶，同时也是一位才女。她与当时曲苑名流如胡紫山、冯子振等多有往来，虽然没有明证说关汉卿与这些人相识，但有很大可能，他们之间也是有交情的。如前文所引，关汉卿《诈妮子调风月》中"你又不是残花酝酿蜂儿蜜，细雨调和燕子泥"二句，如果真的是借用自胡紫山《阳春曲》，可以说是后辈对前辈的借鉴，又怎么不能解释为好友之间相互的欣赏呢？

虽然在曲学文献中，有关关汉卿交游的资料也并不多，但我们可以想象，这位诙谐善谑，富于才华的剧作家，当年在梨园曲苑是何等的文酒风流，友朋众多，场上歌舞，场外指点。元代戏曲的兴旺繁盛，与当时曲坛梨园诸人的交流，相互之间的评议和影响，必然是密不可分的。

2. 关汉卿的作品

在《录鬼簿》中，关汉卿的名字被放在第一位。这并不一定因为他的生年最早，而是因为他"初为杂剧之始"，在内容和体制上均有开创之功，而且作品数量众多，六十多部杂剧在元代曲家中首屈一指。关汉卿的散曲现存小令57首，套数14首，残套2首，通常没有太大疑义。杂剧则因为数量众多，各种曲学文献的著录也有所不同，其中几部作品的作者归属，争论还是比较大的。

(1) 确定为关汉卿所作的杂剧，共十三部

传世的十八部作品中，通常没有疑义，确定为关汉卿所作的

共十三部。其中曲白俱全的只有十部，《调风月》《拜月亭》《西蜀梦》三部曲文完整，科白残缺。从这些现存杂剧的题材来看，大致可分为以下三类：

第一类是揭露现实黑暗，颂扬清官的公案剧。

①《感天动地窦娥冤》《录鬼簿》著录。

题目作"汤风冒雪没头鬼"，简名《窦娥冤》，一本四折。内容为：秀才窦天章流落楚州，借高利贷无法偿还，将女儿端云抵押给债主蔡婆婆做童养媳，然后进京赶考。端云改名窦娥，与丈夫成婚不到两年便成了寡妇，与婆母相依为命。蔡婆婆去找赛卢医讨债，赛卢医心生歹念要将其勒死，被张驴儿父子救下。张驴儿父子趁机要挟蔡婆，要逼娶她们婆媳二人。懦弱的蔡婆婆想要答应，窦娥则坚决不从。张驴儿去赛卢医处买回毒药，要想毒死蔡婆婆，霸占家产，却被其父误食身亡。张驴儿诬陷窦娥毒杀其父，告至公堂。窦娥为使婆婆免于受刑，屈认了罪名，被判死刑。临刑前发下三桩誓愿以证其冤：血溅白练、六月飞雪、亢旱三年，结果全都一一应验。三年后，窦娥的父亲窦天章已升任肃政廉访使，来到楚州勘察旧案。窦娥的鬼魂现身诉冤，窦天章重新审理此案，将张驴儿、赛卢医等人缉拿定罪，窦娥冤情终于昭雪。

本事出自《汉书·于定国传》和《淮南子》《说苑》《搜神记》等所记载东海孝妇事迹。

②《钱大尹智勘绯衣梦》《录鬼簿》著录。

题目作"王闰香夜月四春堂"，简名《绯衣梦》，一本四折。内容为：汴梁王、李两家原本指腹为婚，儿女长成后李家衰败，王家悔亲。王家小姐闰香对父亲的决定不满，在后园游玩时恰遇李家公子庆安，便约他半夜前来，让梅香收拾一包珠宝，交与庆安前来下聘。王员外与泼皮裴炎口角，裴炎当晚去王家报复，杀死梅香抢走珠宝。庆安前来赴约时发现梅香被杀，惊惶逃回。王员外寻踪前去，见门上血手印，认定庆安是凶手。庆安被屈打成招，开封府尹钱可审理此案，知有冤情，将庆安暂押狱神庙内。祷告狱神，得庆安梦语"非衣两把火，杀人贼是我，赶得无处藏，走在井底躲"四句。钱可遂派人假扮货郎，在井底巷查访，结果杀人凶器被裴妻所认，裴炎认罪。李父要状告王家，王员外情愿倒赔妆奁将闰香下嫁，两家讲和，庆安与闰香终成眷属。

本事来源不详。钱大尹原型即宋代钱勰，曾知开封府，以断案公正敏捷著称。

③《包待制三勘蝴蝶梦》《录鬼簿》著录。

简名《蝴蝶梦》，一本四折一楔子。内容为：王老汉去街市上为儿子买纸笔，走乏了在路旁休息，被骑马出游的权贵葛彪撞到。葛彪反说王老汉挡了他的马头，竟将王老汉打死。王家三兄弟为父报仇，一怒之下打死了葛彪。在开封府受审时，兄弟三人争相认罪偿命。包待制审理完赵顽驴偷马案，伏案休息，梦见三只蝴蝶落入蛛网，一只大蝴蝶先后救起其中两只，只有最小一只未救。之后审理打死葛彪一案，王家三兄弟和王婆婆争相认罪。包待制要将王大定罪，婆婆不肯；将王二定罪，婆婆也不肯。将王三定罪，婆婆忍痛答应。包待制以为王大、王二必定是亲生，王三乃螟蛉之子，勘问之下才知道正好相反。三兄弟被打入死牢，王婆婆前去探监，王大、王二先后获释，衙役言称要将王三盆吊而死，为葛彪抵命。次日王婆婆前去领尸，哀痛之时却见王三出现，原来包待制将偷马贼赵顽驴代替王三处死，放他一家团聚。之后宣读圣旨，以母贤子孝，赐王家一门封赏。

刘向《列女传》卷五《齐义继母》，有斗殴相争死人，兄弟二人争相承担罪责，其母舍亲生子而救前妻之子故事。关汉卿也许是受此影响，撰写成本剧关目。

第二类是写人间悲欢离合，儿女情长的风月剧。

①《闺怨佳人拜月亭》《录鬼簿》著录。

简名《拜月亭》，一本四折一楔子。内容为：蒙古大军进攻金国中都，兵部尚书王镇奉命赴前线视察军情，妻子和女儿瑞兰为他饯行。未几中都失守，金朝南迁，逃难中瑞兰与母亲失散，书生蒋世隆也和妹妹瑞莲失散。王母遇见瑞莲，收为义女，瑞兰则与蒋世隆假称夫妻结伴同行。路过山寨，恰逢蒋世隆的义弟陀满兴福并邀他们留下，瑞兰不允。之后瑞兰与蒋世隆结为夫妻，蒋世隆染病，瑞兰请医诊治。恰遇父亲王镇，将瑞兰强行带走。归家后瑞兰日夜思念，对月祷告，被义妹瑞莲听到，于是姑嫂相认。蒋世隆与陀满兴福高中文武状元，王镇做主，将女儿许配给武状元，义女许配文状元。婚宴上夫妻兄妹终得相认，于是蒋世隆与王瑞兰，陀满兴福与蒋瑞莲双双成亲。

本事来源不详。

②《望江亭中秋切鲙旦》《录鬼簿》著录。

题目"夜半赚金牌"，简名《切鲙旦》，一本四折。内容为：白士中赴任潭州，前去清安观探望姑母，与寡妇谭记儿相识。经姑母撮合，二人结为夫妻。权宦杨衙内觊觎谭记儿已久，闻知被白士中所娶，怀恨在心。遂诬告白士中，并得皇帝所赐势剑金牌，要去斩白士中首级。白士中无计可施，谭记儿知道后挺身而出，要以一己之力消灾弭祸。中秋夜杨衙内带了随从在望江亭吃酒赏月，谭记儿假扮渔妇，将杨衙内灌醉，轻松赚取势剑、金牌、文书。杨衙内来到公堂，害人不成，无话可说。恰逢湖南都御使李秉忠奉旨赶到，查明真情，杨衙内杖八十削职归田，白士中依旧供职，夫妻团圆。

本事来源不详。

③《杜蕊娘智赏金线池》《录鬼簿》著录。

简名《金线池》，一本四折一楔子。内容为：济南府上厅行首杜蕊娘与洛阳秀才韩辅臣相爱，杜蕊娘决意嫁给韩辅臣，虔婆却坚决不允。韩辅臣钱财耗尽，被虔婆赶出门，并告诉蕊娘韩辅臣另有新欢。蕊娘信以为真，不肯再听辅臣解释。不久辅臣的好友济南府尹石好问赴京归来，欲撮合二人和好，让辅臣在金线池设宴，请杜蕊娘及一班姐妹。蕊娘定酒令，凡提及"韩辅臣"者受罚。但自己情意难忘，反遭罚酒，大醉。韩辅臣前来相扶，仍遭蕊娘拒绝。辅臣再次去恳求石府尹帮忙，府尹派人拿问蕊娘，假意要以失误官身的罪名加以惩罚。蕊娘恳求辅臣讲情，一口应允婚事。在府尹安排下，二人终成眷属。

本事来源不详。

④《钱大尹智宠谢天香》《录鬼簿》著录。

题目作"柳耆卿错怨开封宰"，简名《谢天香》，一本四折一楔子。内容为：钱塘书生柳永游学开封，与名妓谢天香相恋。新任开封府尹钱可是柳永的旧友，正值柳永要赴考求功名，嘱托钱可照看谢天香，往返再三，钱可怪他重色而轻功名，十分恼火。柳永以《定风波》赠天香，动身赴京。钱可知道词中"芳心事事可可"触犯自己名讳，故意令谢天香前来吟唱此词，想借机治罪。谢天香改换韵脚，巧妙避过。钱可深为叹赏，脱天香乐籍收作小夫人。谢天香入府三年，钱大尹从不来亲近。柳永状元及第归来，钱可摆酒庆贺。柳永知道钱可已纳谢天香入府，十分不快，拒不饮酒。钱可唤出天香与柳永相见，说明本意，原是使天香脱离官妓身份，以便柳永娶之为妻。二人始知真相，双双拜谢。

柳永、钱可、谢天香，史上均有其人。柳永是宋代著名词人，流连青楼楚馆，与乐妓伶工往来甚多。钱大尹即宋代钱勰，前文已述。谢天香也是宋朝名妓，明梅鼎祚《青泥莲花记》卷七《谢天香》记载谢天香嫁士人王维翰，与柳永并没有关系。本事来源不详，或许是结合了诸多轶事糅合而成。

⑤《温太真玉镜台》《录鬼簿》著录。

题目"晋公子水墨宴"，简名《玉镜台》，一本四折。内容为：翰林学士温峤年老鳏居，某日去姑母家拜望，见到了年轻美丽的表妹倩英，一见倾心。姑母延请温峤教倩英弹琴写字，温峤借机挑逗，倩英颇为恼火。姑母托温峤为倩英保媒，温峤假言翰林院中有一人合宜，并将御赐"玉镜台"作为定物。待官媒上门择定婚日，姑母才知道上当，也无可奈何。新婚之夜倩英大闹洞房，不许温峤近身。王府尹设下"水墨宴"，请温峤夫妇赴宴作诗，无诗则学士饮冷水，夫人头戴草花，墨涂面皮。倩英心下害怕，催温峤作诗，并许以依顺。温峤终以诗才令倩英折服，甘心依随，夫妻和好。

本事源于刘义庆《世说新语·假谲》第二十七，温峤以玉镜台为聘，迎娶表妹事。玉镜台乃温峤为刘琨长史时，北征刘聪所得。

⑥《诈妮子调风月》《录鬼簿》著录。

简名《调风月》，一本四折。内容为：婢女燕燕奉命服侍前来主人家探亲的小千户，小千户诱骗了燕燕，应许娶她做小夫人。然而踏青时，小千户却与尚书小姐莺莺相恋，并赠手帕为信物。

燕燕发现手帕，又恨又气，当夜将小千户拒之门外。小千户心怀不满，怂恿母亲派燕燕前去提亲。燕燕满心难受，想要破坏亲事，莺莺却痛快许婚。成婚之日燕燕为莺莺梳妆，难抑苦痛，当众揭穿真相。最终由长辈做主，燕燕终于做了小千户的第二夫人。

本事来源不详。

⑦《赵盼儿风月救风尘》《录鬼簿》著录。

正名作"烟月救风尘"，题目作"虚脾瞒俏倬"，简名《救风尘》，一本四折。内容为：妓女宋引章原本和秀才安秀实有婚约，却被富商周舍的金钱和花言巧语所引诱，不听结拜姊妹赵盼儿的劝告，离开妓院，嫁给了周舍。但被周舍带回郑州之后，备受虐待，只好写信向赵盼儿求救。赵盼儿梳妆打扮，带着车马妆奁赶往郑州，假称要嫁给周舍，并引诱他写下了给宋引章的休书。等到周舍恍然醒悟，赵盼儿已经带着宋引章逃走。周舍追上二人并闹到官府，但赵盼儿早有准备，在公堂上将周舍驳倒。郑州守李公弼查明真相，杖责周舍，将宋引章判与安秀实为妻。

本事来源不详。

第三类是描写英雄人物的历史剧。

①《关大王单刀会》《录鬼簿》著录。

题目作"鲁子敬索荆州"，简名《单刀会》，一本四折。内容为：三国时，东吴鲁肃欲索回荆州，定下三条计策，邀请关羽过江前来赴宴。先请来乔公商议，乔公具言关羽勇略，认为此事必不可行。鲁肃又去邀请水鉴先生司马徽作陪，司马徽认为关羽勇武过人，且蜀国谋臣猛将众多，此宴凶多吉少，推辞不去。关羽接到鲁肃的邀请后，明知有诈，仍从容赴会。席间鲁肃出言讨索荆州，并责备关羽失信。关羽说荆州原本是汉家天下，而汉家基业的传承者刘备理应据之。随即提剑击碎菱花镜，慑住鲁肃，与前来接应的关平登舟而去。

本事出陈寿《三国志》及裴松之注。

②《关张双赴西蜀梦》《录鬼簿》著录。

题目作"荆州牧阆州牧二英魂"，正名"关云长张翼德双赴梦"，简名《双赴梦》，一本四折。内容为：蜀主刘备遣使臣召镇守荆州的关羽，镇守阆州的张飞回成都相见。使者兼程赶往，及至才知道二人已先后遇害。诸葛亮夜观天象，知道关张二人已死，只能以谎话在刘备面前暂时搪塞。关羽和张飞的魂魄返回成都，在途中相遇，互诉被害经过。并一同去给刘备托梦，请求起兵伐吴，报仇雪恨。

本事来源不详，元代之前文献中并无关、张二人死后"赴梦"的传说记载。仅唐李商隐《无题》"万里风波一叶舟"诗中有"益德冤魂终报主"之句，有说张飞死后魂赴西蜀故事唐代便已在民间流传。

③《邓夫人痛哭存孝》《录鬼簿》著录。

简名《哭存孝》，一本四折。内容为：沙陀李克用破黄巢有功，家将和义子皆得封赏。原定李存信和康君立二人镇守邢州，功劳最大的李存孝镇守潞州天党。李、康二人以邢州险恶，灌醉李克用，改派存孝镇守邢州。李、康二人担心存孝记恨，来到邢州假传父命，令其改回原本姓名，又在李克用面前诬告存孝谋反。克用妻刘夫人查明真相，携存孝前去申辩冤屈，李克用酒醉，李、康二人假传命令，五裂李存孝。刘夫人闻知噩耗悲痛万分，克用酒醒后得知真相亦追悔莫及。存孝妻邓夫人一路背丈夫骨殖回邓家庄，刘夫人和李克用也相继赶来，五裂康、李二人，为存孝报仇。

本事源于《旧五代史》《新五代史》李存孝本传。

（2）目前作者尚有争议的杂剧，共五部①

① 《状元堂陈母教子》，天一阁本《录鬼簿》著录。明万历间脉望馆钞校内府本题"关汉卿"撰。

题目作"待漏院招贤纳士"，简名《陈母教子》，一本四折一楔子。内容为：宋朝冯氏夫人有三子一女，在家中建"状元堂"，希望三子成就功名。长子良资、次子良叟先后高中状元，第三年三子良佐前去应试，夸口必中头名。放榜后报子误报良佐为状元，陈母出迎才知道状元是王拱辰，良佐仅得中探花。陈母将王拱辰招为女婿，良佐被母亲责骂，席间又遭众人讥讽，当下辞别，再度应考，终于得中头名状元。归途中受蜀中父老一段西川孩儿锦，又被母亲责打，金鱼坠地。寇莱公奉旨前来，表彰陈家母贤子孝，陈母训子有方。陈母封为贤德夫人，三子一婿皆加官晋爵。

这部剧作仅有天一阁本《录鬼簿》著录，说集本、孟本、曹本均失载。后世认为剧中科举成名的主旨与关汉卿不仕进的态度不相符，对作者归属有所怀疑。但"陈母教子"在元代民间已经是非常流行的故事，关汉卿《蝴蝶梦》中便两次提及陈母事迹，"想当日孟母教子，居必择邻；陶母教子，剪发待宾；陈母教子，衣紫腰银"，"正按着陈婆婆古言语，他须不求金玉重重贵，可甚儿孙个个贤"云云。剧中着重表达陈母告诫儿子追求上进，不取金银，也并非一味宣扬功名利禄。而且"母贤子孝"，"金榜题名"一直是百姓喜闻乐见的内容，关汉卿以之为主题，也并不是

---

① 参见李汉秋《关汉卿研究资料》，王纲《关汉卿研究资料汇考》。

不可能的。

宋张世南《游宦纪闻》载："陈文忠公尧叟，字唐夫，端拱二年，状元及第。文惠公尧佐字希元，端拱元年，举进士第十六人，康肃公尧咨，字嘉谋，咸平三年，状元及第。三人皆秦国公省华之子也。"又罗烨《醉翁谈录》、王辟之《渑水燕谈录》、《宋史》卷二八四《陈尧佐》传皆记陈氏兄弟及陈母事。关汉卿略改其名，变动长幼顺序，敷衍成此剧。

②《刘夫人庆赏五侯宴》，明万历间脉望馆钞校内府本题"元关汉卿"撰。

题目作"王阿三子母两团圆"，简名《五侯宴》，一本五折一楔子。内容为：潞州长子县李氏夫亡家贫，典身于赵太公三年，照看赵家婴孩。赵太公嫌李氏哺育偏私，逼迫她扔掉自己的孩子。沙陀李克用之子李嗣源奉命出征，追赶一只白兔，恰巧遇见李氏，遂将孩子收为义子，取名李从珂。十八年后，李氏在王家备受虐待，打水时不慎将吊桶落在井中，不敢回家，寻思自缢。此时李从珂随军征讨后梁大将王彦章，得胜回程，途径村庄，于是上前询问缘由。李氏讲述当年弃子被收养的经过，从珂对自己的身世产生怀疑。回去询问李嗣源，养父遮遮掩掩，不肯吐实。李从珂在五侯宴上询问祖母刘夫人，以自刎相胁，终于得知身世真相。来到王家与生母相认，母子终得团圆。

诸本《录鬼簿》和《太和正音谱》《元曲选目》均未著录，而且体制为五折一楔子。但是元代早期白朴《东墙记》，纪君祥《赵氏孤儿》等均为五折一楔子，也并不能以此为凭据证明非关氏所作。

李从珂即五代后唐废帝，欧阳修《新五代史》卷七《废帝纪》

载：“废帝，镇州平山人也。本姓王氏，其世微贱，母魏氏，少寡，明宗为骑将，过平山，掠得之。魏氏有子阿三，已十余岁，明宗养以为子，名曰从珂。”金无名氏有《刘知远传诸宫调》，元刘唐卿《李三娘麻地捧印》，元戏文《刘知远白兔记》与《五侯宴》情节类似。

③《尉迟恭单鞭夺槊》，脉望馆钞校本署“关汉卿”撰。

《录鬼簿》《太和正音谱》关汉卿名下皆著录有《敬德降唐》，而尚仲贤名下著录《三夺槊》。《元曲选目》中有《单鞭夺槊》，《今乐考证》、《曲录》中有《尉迟恭三夺槊》，均著录于尚仲贤名下。脉望馆钞本则署名关汉卿，当以此剧为关汉卿《武周将敬德降唐》。

题目作“单雄信割袍断义”，一本四折一楔子。内容为：李世民引兵讨伐刘武周，将大将尉迟恭困于介休城。军师徐茂公设计斩刘武周，敬德遂降。李世民三弟元吉曾经挨过敬德一鞭，怀恨在心，趁世民去取印牌不在营中，诬陷敬德谋反，将其捉拿下狱。徐茂公急将世民追回，敬德向李世民表明自己绝无二心，愿以死明志。李元吉则伪称敬德欲私自潜逃，被他擒回。徐茂公献计，令二人比武。敬德三次夺下元吉手中之槊，李世民遂知真相。李世民前往洛阳窥察军情，被王世充手下大将单雄信赶入榆科园。徐茂公欲以旧日交情打动雄信，雄信割袍断义。此时敬德赶至，单鞭打雄信吐血，夺槊救下李世民。

此剧是否为关氏所作，向来有所争议，因为明代陈与郊编订的《古名家杂剧》和臧懋循编订《元曲选》都署名为尚仲贤。但是在《录鬼簿》等文献中尚仲贤名下所著录为《三夺槊》，而本剧中楔子及第一折、第二折所叙述都是尉迟敬德降唐之事，占了大半内容。就内容而言，当与《敬德降唐》更为接近。

本事见于《旧唐书》卷六十八与《新唐书》卷八十九《尉迟敬德传》。均记述众将疑敬德有反意，囚于军中，而太宗释之；及与王世充对战时刺单雄信坠马事。后世小说、戏曲中敷衍此段情节者甚多。

④《山神庙裴度还带》《录鬼簿》著录。

简名"裴度还带"，一本四折一楔子，楔子在三、四折之间。内容为：汴梁秀才裴度家贫如洗，寄居于山神庙。姨夫王员外劝其经商，裴度执意不肯。王员外颇嘉许裴度志向，赠金于白马寺长老，托其暗中照看。裴度来到白马寺用斋，遇见道士赵野鹤，为其相面，言裴度次日必死于乱砖之下。裴度一怒出门。时洛阳太守韩廷幹被诬下狱，追赃三千。其女琼英搁笔题诗筹款，又得李公子邦彦所赠玉带一条，正凑够追赔之数。琼英归家途中避雪山神庙，将玉带遗落，为裴度所得。次日琼英母女前来找寻不见，欲寻自尽，裴度问明情况将玉带归还，送母女二人出门时，山神庙忽然倒塌。裴度来白马寺寻赵野鹤，赵相其面与昨日完全不同，大为吃惊。韩夫人亦来寻裴度，欲将琼英许其为妻。裴度以功名为重，先赴京赶考，得中状元。韩太守冤情得雪，升任参知政事，招裴度为婿。又经几番误会，终于奉旨成婚，皆大欢喜。

天一阁本《录鬼簿续编》中，《裴度还带》署于贾仲明名下。明万历间脉望馆钞校内府本署名为关汉卿。按《录鬼簿》所载，关汉卿《裴度还带》应当写到裴度受封晋国公为结，而还带的地点是香山寺而非山神庙。剧中"来生债"典故，出自元末刘君锡所作《庞居士误放来生债》，远在关汉卿之后。风格也比较拖沓，有大段的插叙故事，与关汉卿行文风格不符。而《录鬼簿续编》

所著录的贾仲明《裴度还带》，题目正名与现在的存本都是吻合的。所以很多学者怀疑，《裴度还带》的作者可能并非关汉卿。

但是《录鬼簿》版本众多，记载经常有不一致，很多题目关目与剧中情节都有出入。而且元杂剧在流传的过程中，往往经过历代的删削增补，和初始面貌未必全然相同。"庞居士误放来生债"典故，庞居士名蕴，唐朝人，其事迹在宋代的《景德传灯录》中便有记载，宋元两朝流传也颇为广泛。贾仲明的创作风格，后人评价说"骈俪工巧"，"如锦帏琼筵"，文风偏于绮丽，与现存《裴度还带》似乎更不相符。而剧中描写裴度落魄情状，世态炎凉，一如元代文人的现状，也正是元初杂剧中常见的主题。所以，判定此剧非关汉卿所作，证据也并不充分。现代的各种关汉卿杂剧校注本中，也都收录了《裴度还带》一剧。

裴度字中立，唐代名臣，《新唐书》《旧唐书》均有传。此剧本事源自五代王定保《唐摭言》卷四《节操》，载裴度遇相士及还带事。

⑤《包待制智斩鲁斋郎》，未见著录。

明脉望馆钞校本署"元关汉卿撰"。《元曲选》亦收录，署名"元大都关汉卿撰，明吴兴臧晋叔校"。

题目作"三不知同会云台观"，简名《鲁斋郎》，一本四折一楔子。内容为：豪强鲁斋郎强夺了银匠李四的妻子，李四赶往郑州告状，病倒在街头，被郑州孔目张珪夫妻所救。张珪劝他不要生事，李四只好回乡。清明节张珪一家上坟，恰逢鲁斋郎，鲁斋郎又将张珪的妻子强行夺去，把李四之妻送与张珪。李四回乡后一双儿女走失，无奈之下前来投奔张珪，恰与妻子相遇。张珪得知内情苦痛难当，偏偏自己的一双儿女也走失不见，于是将家业交给李四夫妻，自己出家。张、李二家子女均为包待制所救，十几年过去，养育成人，读书中举。知道鲁斋郎恶迹，奏报天子有"鱼齐即"苦害良民，夺人妻女。皇上亲批之后，包待制将"鱼齐即"添笔变为"鲁斋郎"，智斩恶人。张、李两家夫妻儿女终得团聚。

因为《录鬼簿》《太和正音谱》都没有收录该剧，赵景深、邵曾祺等先生曾提出异议。王季思先生认为该剧人物性格处理，思想倾向，宾白风格等均与关汉卿极为相近，认同《元曲选》之载记。

《宋史》卷三一六《包拯传》："拯立朝刚毅，贵戚宦官为之敛手，闻者皆惮之。……童稚妇女，亦知其名，呼为'包待制'。京师为之语曰：'关节不到，有阎罗包老。'"包拯故事宋元时已经流传民间，宋话本有《合同文字记》和《三现身包龙图断冤》。鲁斋郎故事未见于前代文献，当是关汉卿借用包拯这一人物，以当时社会现状编撰创作。

（3）残曲，共三部

①《唐明皇哭香囊》《录鬼簿》著录。

简名《哭香囊》《北词谱》越调卷收四曲，《北词广正谱》越调帙收五曲，《九宫大成南北词宫谱》收一曲。细节不详，应当是叙述唐玄宗杨贵妃故事。

本事见《旧唐书》《新唐书》。《新唐书》卷七十六《杨贵妃传》："……密遣中使者具棺椁它葬焉。启瘗，故香囊犹在，中人以献，帝视之，凄感流涕，命工貌妃于别殿，朝夕往，必为鲠欷。"

②《风流孔目春衫记》《录鬼簿》著录。

简名《春衫记》，仅在《北词广正谱》中收［仙吕·尾声］一曲。署："杂剧。关汉卿撰《春衫记》。"细节不详，本事不详，曲中有"我与你为妻"句，应当是旦本戏。

③《孟良盗骨》，此剧未见著录。

惟《北词谱》《北词广正谱》存有［仙吕·青歌儿］两句，题为"关汉卿《孟良盗骨》剧"。细节不详，当为敷衍杨家将故事。大概内容为：杨令公与辽国交战被围，七郎前往营救，被潘仁美暗害射死，杨令公亦殉国李陵碑。二人骨殖被辽兵吊在幽州昊天塔，每日箭射。六郎激孟良盗回骨殖，逃到五台山杨五郎处。

本事未见于史书。宋罗烨《醉翁谈录》载宋人小说有《杨令公》《五郎为僧》。曹本、刘本《录鬼簿》著录有朱凯《孟良盗骨殖》，现存《元曲选》本，题《昊天塔孟良盗骨》，未题撰人。

（4）已佚杂剧

《伊尹扶汤》，未见著录。元杨维桢和明朱有燉《元宫词》均写到关汉卿作《伊尹扶汤》，剧本曾呈进宫中。本事源于伊尹扶助汤王故事，具体事略见《史记》卷三《殷本纪》。

《姑苏台范蠡进西施》，简名《进西施》《录鬼簿》著录。本事源于《越绝书》《吴越春秋》等记载，越国献美人西施、郑旦于吴王夫差事。

《鲁元公主三哄赦》，简名《三哄赦》《录鬼簿》著录。应该是讲述汉高祖刘邦因为鲁元公主缘故，赦免赵王张敖故事。《史记》卷八十九，《汉书》卷三十二均有记载。

《薄太后走马救周勃》，简名《救周勃》《录鬼簿》著录。叙述周勃以谋反罪名被诬告下狱，薄太后向文帝进言开解，周勃被赦故事。事见《史记》卷五十七。

《升仙桥相如题柱》，《录鬼簿》著录。《华阳国志》卷三《蜀志》："……城北十里有升仙桥，有送客观。司马相如初入长安，题市门曰：'不乘赤车驷马，不过汝下也。'"应该是叙述司马相如未发迹时，胸怀大志故事。

《丙吉教子立宣帝》，简名《立宣帝》《录鬼簿》著录。事见《汉书》卷七十四《丙吉传》，写汉宣帝出生不久，便因为"巫蛊之祸"系狱。望气者言长安狱中有天子气，武帝下令系狱者无分轻重，一概诛杀，丙吉拒不受命，感动武帝，大赦天下。丙吉一直保护照顾宣帝，宣帝登基后封其为关内侯。

《汉匡衡凿壁偷光》，简名《凿壁偷光》《录鬼簿》著录。写西汉匡衡家贫而好学，凿壁偷邻舍光故事。事见晋葛洪《西京杂记》卷二。

《汉元帝哭昭君》，简名《哭昭君》《录鬼簿》著录。写昭君出塞事，马致远《汉宫秋》即同类题材。

《白衣相高凤漂麦》，简名《高凤漂麦》《录鬼簿》著录。本事出《后汉书》卷八十三《高凤传》："高凤字文通，南阳叶人也。少为书生，家以农亩为业，而专精诵读，昼夜不息。妻尝之田，曝麦于庭，令凤护鸡。时天暴雨，而凤持竿诵经，不觉潦水流麦。"

《终南山管宁割席》，简名《管宁割席》《录鬼簿》著录。本事出刘义庆《世说新语·德行》，管宁、华歆割席绝交事。

《徐夫人雪恨万花堂》，简名《万花堂》《录鬼簿》著录。贾本《录鬼簿》题目正名作"孙太守错疑三虎将，徐夫人雪恨万花堂"。孙太守即孙翊，三虎将即徐元、孙高、傅婴。孙翊建安时以偏将军领丹杨太守，属下妫览、戴员勾结边洪，趁宴饮之时将其杀害。孙翊妻徐氏善占卜，曾劝他改日设宴，孙翊没有听从。徐夫人联络孙翊旧将孙高、傅婴等人，设计将妫览、戴员杀死，为丈夫报仇雪恨。

《石崇妾绿珠坠楼》，简名《绿珠坠楼》《录鬼簿》著录。本事出自晋朝故事。石崇有爱妾绿珠，美艳善舞。孙秀曾经索要绿珠，石崇未允。孙秀怀恨在心，矫诏逮捕石崇下狱。石崇对绿珠说："我今为尔得罪。"绿珠流泪回答："当效死于君前。"自投楼下而死。《晋书》卷三十三《石崇传》《晋纪》等均有记载。

《孙康映雪》，《录鬼簿》著录。写孙康家贫，映雪读书事。后晋李翰《蒙求》："孙康映雪，车胤聚萤。"徐子光注引《孙氏世录》："康家贫无油，常映雪读书，少小清介，交游不杂，后至御史大夫。"

《窦滔妻织锦回文》，简名《织锦回文》《录鬼簿》著录。本事出自《晋书》卷九十六《列女传》，前秦刺史窦滔被徙流沙，妻子苏蕙思念丈夫，织锦为回文诗以寄。武则天有《织锦回文记》，记述窦滔眷恋宠姬赵阳台，携之上任，与妻子苏蕙断绝音信。苏蕙织锦为回文诗寄之，窦滔甚为感动，夫妻言归于好。

《屈勘宣华妃》，简名《宣华妃》《录鬼簿》著录。本事出自《隋书》卷三十六《宣华夫人传》。隋炀帝杨广在文帝病卧时调戏宣华夫人，文帝察知后欲更立太子，为杨素、杨广所阻。炀帝即位后，逼娶宣华。未知关汉卿剧中关目，但由"屈勘"二字来看，似乎是为宣华夫人鸣不平。

《隋炀帝牵龙舟》，简名《牵龙舟》《录鬼簿》著录。本事出自正史，隋炀帝御龙舟巡幸江都事。《隋书》等均有记载。

《唐太宗哭魏征》，简名《哭魏征》《录鬼簿》著录。《旧唐书》卷七十一《魏征传》记载，魏征死后，太宗"亲临恸哭，废朝五日"。《新唐书》记载略同。

《武则天肉醉王皇后》，简名《王皇后》《录鬼簿》著录。《旧唐书》卷五十一《后妃列传》记武则天得宠后，王皇后、萧良娣先后被贬斥，囚之别院。后又截取二人手足投酒瓮中，曰"令此二妪骨醉"。《新唐书》记载略同。

《风雪狄梁公》，简名《狄梁公》《录鬼簿》著录。讲述唐代名臣狄仁杰故事。狄仁杰死后追封为梁国公。具体内容不详，但元明戏曲小说叙述狄仁杰故事的，通常都是公案题材。

《藏阄会》，贾本《录鬼簿》著录。"藏阄"即"藏钩"，是一种猜谜游戏。元王伯成有《天宝遗事·杨妃藏钩会》。此剧内容可能是唐明皇杨贵妃故事。

《刘夫人救哑子》，简名《救哑子》《录鬼簿》著录。"亚子"为后唐庄宗李存勖小名，"哑"应该是借字。《哭存孝》第二折中写到李克用妻刘夫人与李存孝一同去见李克用，欲辨明真情。李存信、康君立诈称亚子打围落马，刘夫人心急，赶去探望亲子，康、李二人遂乘李克用喝醉时假命车裂李存孝。《录鬼簿》将《哭存孝》和《救哑子》分别著录，或许关汉卿以其他内容充实了刘夫人救亚子这一条线索，敷衍成此剧。

《曹太后死哭刘夫人》，简名《刘夫人》《录鬼簿》著录。写李克用正室刘夫人与次妃曹氏情谊。《旧五代史》卷四十九和《新五代史》卷十四均有记载。

《甲马营降生赵太祖》，简名《降生赵太祖》《录鬼簿》著录。《宋史》卷一《太祖本纪》："太祖，宣祖仲子也。母杜氏。后唐天成二年，生于洛阳夹马营……"具体关目不详。

《吕蒙正风雪破窑记》，简名《破窑记》《录鬼簿》著录。据说宋代名臣吕蒙正的父亲与其母不合，将父子二人一并逐出家中。龙门山僧人凿山岩为石龛，吕蒙正居其间九年，应秋试，一举夺魁。事见叶梦得《避暑录话》。本剧当由此轶事敷衍而来。王实甫有《吕蒙正风雪破窑记》，现存脉望馆钞本。马致远有《吕蒙正风雪斋后钟》，《录鬼簿》著录。

《晏叔元风月鹧鸪天》，简名《鹧鸪天》《录鬼簿》著录。本事未详，晏叔元应为晏叔原，即宋代词人晏几道，号小山。全宋词载晏几道所作《鹧鸪天》词十九首，疑与"彩袖殷勤捧玉钟"一首有关。

《秦少游花酒惜春堂》，简名《惜春堂》，贾本《录鬼簿》著录。题目正名作"韩梅英影舞鸣柯巷，秦少游花酒惜春堂"。秦少游即北宋词人秦观，本事未详。

《宋上皇御断姻缘簿》，简名《姻缘簿》《录鬼簿》著录。应是宋朝故事，本事未详。

《开封府萧王勘龙衣》，简名《勘龙衣》《录鬼簿》著录。由"勘"字可见是一部公案剧，而元杂剧中开封府公案剧几乎都是北宋故事。本事未详。

《董解元醉走柳丝亭》，简名《柳丝亭》《录鬼簿》著录。董解元疑即《西厢记诸宫调》作者，金章宗时人，生平不详。本剧背景应在金朝，未知详细内容。

《翠华妃对玉钗》，简名《对玉钗》《录鬼簿》著录，本事不详。

《楚云公主酹江月》，简名《酹江月》《录鬼簿》著录，本事不详。

《太常公主认先皇》，简名《认先皇》《录鬼簿》著录，本事不详。

《金银交钞三告状》，简名《三告状》《录鬼簿》著录，本事不详。"交钞"是金元时发行的楮币，丘浚《大学衍义补》："金循宋四川交子法置交钞。"应当是背景在金元时期的公案剧。

《刘盼盼闹衡州》，简名《闹衡州》《录鬼簿》著录。金院本中有《刘盼盼》，见《辍耕录》记载。宋元戏文也有《刘盼盼》，已佚。元代散曲中多提及刘盼盼故事，似为良家女子误落风尘，遇有缘人相恋，历经波折终于团圆的故事。未知关剧中详细关目，当为风月爱情剧。

《柳花亭李婉复落娼》，简名《复落娼》，《录鬼簿》著录。宋元戏文中有《李婉复落娼》，有钱南扬辑本。贾仲明《李素兰风月玉壶春》第二折卜儿白："李婉儿为甚复落娼？皆因为李府尹的儿子也姓李的缘故。"推测李婉儿原本是妓女，后随李府尹之子从良，但触犯了同姓不得婚配的条规，再度沦为娼籍。未知详细内容。

《风月郎君三负心》，简名《三负心》《录鬼簿》著录，贾本《录鬼簿》题目正名作"烟花妓女双逃走，风月郎君三负心"。本事不详。宋元戏文有无名氏《陈叔文三负心》，写陈叔文负妓女崔兰英事，但没有"烟花妓女双逃走"情节，未必是同一故事。

《双提尸鬼报汴河冤》，简名《汴河冤》《录鬼簿》著录。本事未详，应当是公案题材。元郑德辉有《采莲舟》杂剧，题目正名作"二阴魂屈死汴河冤，三落水鬼泛采莲船"，见《录鬼簿》著录，疑为同一故事。

《老女婿金马玉堂春》，简名《玉堂春》《录鬼簿》著录，贾本《录鬼簿》题目正名作"小夫人玉辇金龙诰，老女婿金马玉堂春"。本事未详。

《卢亭亭担水浇花旦》，简名《浇花旦》《录鬼簿》著录，本事未详。

《荒坟梅竹鬼团圆》，简名《鬼团圆》《录鬼簿》著录。贾本《录鬼簿》题目正名作"舞榭烟花生间阻，荒坟梅竹鬼团圆"。本事未详。

《萱草堂玉簪记》，简名《玉簪记》《录鬼簿》著录，本事未详。

《月落江梅怨》，简名《江梅怨》《录鬼簿》著录，本事未详。

《醉娘子三撇嵌》，简名《三撇嵌》《录鬼簿》著录，本事未详。

《风雪贤妇双驾车》，简名《双驾车》《录鬼簿》著录，曹本《录鬼簿》题目正名作"花酒郎君单捻怪，风雪贤妇双驾车"。本事未详。

《没兴风雪瘸马记》，简名《瘸马记》《录鬼簿》著录，本事未详。

《吕无双铜瓦记》，简名《铜瓦记》《录鬼簿》著录，本事未详。

3. 关汉卿和他的时代

即便不能判断确定的生卒年，我们也知道，关汉卿的一生，大多数时间都生活在元朝。尽管之前也有过很多次统一与分裂，碰撞与融合，但这还是历史上第一次，北方的游牧民族入主中原，建立起疆域空前广阔的大一统帝国。短短几十年中，蒙古铁骑先联宋灭金，又挥兵南下，覆亡宋朝。这不仅仅是一次朝代的兴替，更是对华夏政治、经济、文化、乃至风俗制度、社会心理的一次冲击。而文人对此的感受尤为强烈，元初曲家白朴在《石州慢》中写道："千古神州，一旦陆沉，高岸深谷。梦中鸡犬新丰，眼底姑苏麋鹿。少陵野老，杖藜潜步江头，几回饮恨吞声哭。"异族入主，江山沦亡，内心的痛苦和悲凉可想而知。金元之际的文学作品中，常常能看到这样的悲歌血泪。

　　元朝的民族政策壁垒分明，蒙古人为尊，汉人一直处于被压迫的地位。隋朝就开始的科举考试制度，在元朝却陷入了长期停滞，使大批的汉族文人没有了出头之路。但与此同时，元朝也是一个疆域广阔，民族融合，商业兴旺，经济发达的时代。农业逐渐恢复，手工业和商业日趋繁荣，繁华的都市令远来者瞠目结舌，瓦肆勾栏的丝竹管弦让各种身份阶层的市民流连不去……民族融合杂居使少数民族接受了汉文化的熏陶，涌现出了贯云石、萨都剌等出色的文学家。而少数民族的音乐、歌舞、爽朗直率的性情，各种各样的风俗习惯，丰富的表现力，也都为汉文化，尤其是曲艺创作注入了新的活力和清新的气息。原本在文坛叨陪末座，不登大雅之堂，并为士大夫所看轻的俗文学，终于在这样一个丰富多彩的时代里，粉墨登场了。

（1）元代的社会环境

　　元朝统治者以征战得天下，强于武功而弱于文治。尽管如此，在开国之初，元朝统治者还是深刻认识到了汉族士阶层的重要性。他们积极采纳汉族知识分子的意见，改变了很多方针政策，才形成了元初比较稳定的政治局面。

　　元世祖忽必烈号称"独喜儒术"，"天下鸿才博学，往往延至"。他曾向汉族名将史天泽询问治国之道，史天泽提出："朝廷当先立省部以正纪纲，设监司以督道路，需恩泽以安反侧，退贪残以任贤能，颁奉秩以养廉，禁贿赂以防奸，庶能上下丕应，内外休息。"（《元史·史天泽传》）忽必烈十分认同，次年任命史天泽为中书右丞相，成为有元一代汉人官至右丞相的唯一特例。而在太宗朝，中书令耶律楚材定制度，议礼乐，提拔儒士，朝纲为之一振。著名文人元好问虽然自己不仕元朝，却向耶律楚材推荐了四十余名文士，可见对元初的政治局面还是比较认同的。

但是，作为统治阶层的蒙古贵族往往不能容忍汉人官员把握大权。《元史·程钜夫传》记载道：

> 二十四年（1287），立尚书省。诏以为参知政事，钜夫固辞。又命为御史中丞，台臣言："钜夫南人，且年少。"帝大怒曰："汝未用南人，何以知南人不可用！自今省部台院，必参用南人。"

对于蒙古台臣而言，程钜夫不可用的最重要原因，就是他"南人"的身份。元朝所奉行的根本制度，依然是严格的等级差别。国民分成四个等级：蒙古、色目（西域诸族）、汉人（原金朝统治地区的汉族人和女真族人）和南人（原南宋统治区的汉族人）。蒙古人为尊，南人则是最底层。

这种阶级划分体现在社会生活的各个方面。就官员铨选而言，《元史·百官志序》写道："其长则蒙古人为之，而汉人，南人贰焉。"《元史·世祖纪》也记载："……以蒙古人充各路达鲁花赤，汉人充总管，回回人充同知，永为定制。"各级官署的长官必须由蒙古人来担任，而掌握军国大政的官员，几乎都是蒙古或色目人。叶子奇《草木子》："台省要官皆北人为之，汉人南人万中无一二，其得为者不过州县卑秩，盖亦仅有而绝无者也。"

在法律上，无论司法机关还是判罚依据，蒙人、色目人和汉人都是不一样的。"诸四怯薛及诸王、驸马、蒙古、色目之人犯奸盗诈伪，从大宗正府治之。"（《元史·刑法志一》）蒙人和色目人如果犯下重罪，有专门的司法部门予以保护。原本《刑法志》中规定，"诸杀人者死，仍于家属征烧埋银五十两给苦主。"但如果凶手是蒙古人，则又有所不同，"诸蒙古人因争及乘醉殴死汉人者，断罚出征，并全征烧埋银。"[1]杀人者轻轻松松就可以逍遥法外，人命如同蝼蚁。

元代科举同样如此，必须四等人分设考场，无论是哪一级别的考试，考题都各自不同。如殿试时"汉人，南人，试策一道，限一千字以上成。蒙古色目人，时务策一道，限五百字以上成。"（《元史·选举志》）而每科限定的中式名额，蒙古、色目人占三分之二，文化水平显然更高的汉人、南人仅占三分之一。

但即便是这样不公平的科举考试，在元朝也实在少得可怜。太宗朝，在耶律楚材的倡议下，曾经召开过一次儒生考试。《元史·选举志》中记载道：

太宗始取中原，中书令耶律楚材请用儒术选士，从之。九年秋八月，下诏命断事官术忽斛与山西东路课税所长官刘中，历诸路考试。以论及经义、词赋分为三科，

---

[1] 《元史·刑法志四》

作三日程，专治一科，能兼者听，但以不失文义为中选。其中选者，复其赋役，令与各处长官同署公事。得东平杨奂等凡若干人，皆一时名士，而当世或以为非便，事复中止。

"中止"之后，元朝的科举制度就没了下文。忽必烈即位之后，曾经几次围绕着是否恢复科举的话题展开讨论。其中最重要的一次是在至元二十一年：

> 至二十一年九月，丞相火鲁火孙与留梦炎等言，十一月中书省臣奏，皆以为天下习儒者少，而由刀笔胥吏得官者多。帝曰："将如之何？"对曰："惟贡举取士为便。凡蒙古之士及儒吏、阴阳、医术、皆令试举，则用心为学矣。"帝可其奏。继而许衡亦议学校科举之法，罢诗赋，重经学，定为新制。事虽未及行，而选举之制已立。

尽管如此，毕竟是没有最终实施。于是从忽必烈开国算起，元朝前期，已经延续了数百年的科举制度停废长达半个世纪之久。直到元仁宗皇庆二年（1313）末，才以行科举诏颁布天下，规定每三年举行一次，分为乡试、会试、省试三道。第一次考试在延佑二年（1315）时举行，从延佑首科到元末，共举行了九次。其间还由于伯颜擅权，执意废科而停科两次。无论是录取人数，还是进士的前途和地位，都难以和前代相比。大部分"例不过七品官，浮湛常调，远者或二十年，近者犹十余年，然后改官。其改官而历华要者十不能四五；淹于常调，不改官以没身者十八九。"[1]
元朝后期五十多年中，科举取士（包括国子监会试中选者）共一
千二百余人，仅占相应时期元朝文职官员人数的百分之四。从比
例来说，只相当于唐代和北宋的十分之一强[2]。在元代官吏的铨选
制度中，"科举取士"仅仅是可怜的点缀。

尽管有着更高的文化素养，但元代的汉族士人毕竟是被征服
者。他们没有办法反抗这样的不公，只有默默忍受内心的苦痛。
失去了进身之阶，同时也就失去了他们赖以生存以及养家糊口的
经济来源。而更令人悲凉的是，他们同时也丧失了精神上的寄托。
汉族士人的思想和人格，是由延续了千年的儒家传统浸染而来。
他们向往的是"修身齐家治国平天下"的政治理想，以及"居庙
堂之高则忧其民，处江湖之远则忧其君"的君子风范。但元代长
期废止，恢复之后也如同虚设的科举考试，几乎葬送了他们实现
传统人生价值的全部机会。

《元史·选举志》记载，"贡举法废，士无入仕之阶，或习刀
笔以为吏胥，或执仆役以事官僚"，在中国封建社会一直有着优越
地位的文人，骤然被打落到谷底。而他们的悲歌哀曲，白眼傲视，
寄身山水，纵情声色，也就有了更多的理由。

（2）商业的发达和杂剧的兴起

金元之际，征伐不断，战火频燃，给中原和江南地区的农业
经济带来了极大的破坏。忽必烈执政之后，便设立大司农等官职，

---

①苏伯衡《送楼用章赴国学序》，《苏平仲集》卷六，转引自韩儒林《元朝史》上
册。

②参见韩儒林《元朝史》上册，345 页。

垦荒地，劝农桑。元世祖至元三年（1267），"命行中书省、宣慰司、诸路达鲁花赤管民官，劝诱百姓，开垦田土，种植桑枣，不得擅自兴不急之役，妨夺农时。"（《元史·世祖本纪十一》）而后又疏浚河渠，大兴水利，这一系列的政策使得元代的农业有了很大的发展。经过多年战火洗礼的华夏大地，终于开始日趋安定，休养生息。

　　基础坚实则百业兴。元代的官办手工业空前发达，当蒙古军队的铁骑扫定四海时，先后俘获了大量的各族工匠，逐渐在全国各地都设立了局院，建立了庞大的官办手工业生产系统①。家庭手工业和手工作坊也迅速发展，棉纺织业，丝织业，制瓷业、冶炼业均为一时之盛。在这种情况下，交通运输业和商业也自然随之发达。元代疆域广阔，"若夫北庭、回纥之部，白霫、高丽之族，吐蕃、河西之疆，天竺、大理之境，蜂屯蚁聚，俯伏内向，何可胜数。自古有国家者，未若我朝之盛大者矣。"（《盛世大典序录·帝号》）因此，元朝定鼎之后，便着手完善并逐渐扩大了水陆驿站制度，以便于军政上的管理和物资运输。当时元大都作为全国的政治中心，"去江南极远，而百司庶府之繁，卫士编民之众，无不仰给于江南"②。随着南北大运河的贯通和海运的发达，更是形成了空前庞大的市场。许多人"舍本农，趋商贾"（《农桑辑要》卷一），往来获利，张之翰《仪盗》中说："观南方归附以来，负贩之商，游手之辈，朝无担石之储，暮获千金之利。"

　　随之而来的，就是城市的日渐扩大。当时元大都号称"人烟

---

① 参见韩儒林《元朝史》上册，3965 页。
② 危素《元海运志》。

百万"（权衡《庚申外史》），极尽繁华。《马可波罗行纪》中说"外国巨价异物及百物之输入此城者，世界诸城无能与比。……百物输入之众，有如川流之不息。"元世祖时，黄文仲《大都赋》中写道："论其市廛，则通衢交错，列巷纷纭，大可以并百蹄，小可以方八轮。"此外北方如涿州、真州、平阳、济南；南方如扬州、镇江、平江、杭州；海港如泉州、广州、潮州，都已成为人烟稠密，商贾往来，颇具规模的城市。城市的扩大意味着市民阶层的扩大，那么必然会对风俗时尚乃至审美趣味，文学风气带来很大的影响。

而元蒙统治者本身也是喜爱音乐、歌舞以及戏曲的。热爱音乐歌舞原本是蒙古人的风俗习惯，赵珙《蒙鞑备录》载，成吉思汗"四郡"之一，大将木华黎曾对陪同南宋使者的人说："凡好城子多住几日，有好酒与吃，有好茶与吃，好笛儿吹着，打着。"元朝建立之后，设"玉宸院，则教坊，梨园"①。杨维桢《元宫词》中也有"开国遗音乐府传"云云。贯云石原本是维吾尔族人，父亲和祖父都官至显位，自己也曾经任两淮万户达鲁花赤。后来却弃官归隐，以散曲名家著称于世。可见元代宫廷和上层社会，对于戏曲同样是十分喜爱的。

而之前叙事文学和俗文学的发展和积累，更是为元代戏曲的繁荣提供了良好的土壤。唐代的传奇小说和变文俗讲；宋代的话本，使叙事文学在内容题材，叙事技巧，表现手法等方面逐渐变得成熟，并且更贴近市民的欣赏习惯和审美趣味。而金院本，诸宫调，则从体制方面让北方杂剧日趋完备。元代戏曲的繁荣，已

---

①明代沈德符《万历野获编》"宰相别领"条。

成必然之趋势。

有元一代，戏剧演出长年兴盛不衰，瓦肆勾栏往往观众如云。夏庭芝《青楼集志》中写道："内而京师，外而郡邑，皆有所谓构栏者，辟优萃而隶乐，观者挥金与之。"从元代曲家杜仁杰［般设调·要孩儿］《庄家不识勾栏》中，我们可以看到当时城市里杂剧演出的盛况：

［耍孩儿］风调雨顺民安乐，都不似俺庄家快活。桑蚕五谷十分收，官司无甚差科。当村许下还心愿，来到城中买些纸火。正打街头过，见吊个花碌碌纸榜，不似那答儿闹穰穰人多。

［六煞］见一个人手撑着椽做的门，高声的叫"请、请"，道迟来的满了无处停坐。说道前截儿院本《调风月》，背后幺末敷衍《刘耍和》。高声叫，赶散易得，难得的妆合。

［五煞］要了二百钱放过咱，入得门上个木坡，见层层叠叠团圆坐。抬头觑是个钟楼模样，往下觑却是人旋窝。见几个妇女向台儿上坐，又不是迎神赛社，不住的擂鼓筛锣。

［四煞］一个女孩儿转了几遭，不多时引出一伙。中间里一个央人货，裹着枚皂头巾顶门上插一管笔，满脸石灰更着些黑道儿抹。知他待是如何过？浑身上下，则穿领花布直裰。

……

曲艺的繁荣，必然需要诸多领域的参与，无论是表演者还是创作者。夏庭芝《青楼记》慨叹梨园之盛况："我朝混一区宇，殆将百年，天下歌舞之妓，何啻亿万！"而戏曲作家，仅《录鬼簿》和《续录鬼簿》所载，就有二百二十余人，姓名湮没无考者，更是难以计数。元代的科举制度长期废止，恢复后也时行时辍，无疑堵住了大部分汉族文人唯一的晋身之阶。仕途无望，理想破灭，他们中的大多数转向了民间。而勾栏瓦肆，则成为他们写愤抒情最好的所在。他们有满腹才情，有不得志的满腔愤懑，知道民间最真实的疾苦，领略了最普通的百姓生活。笔下所写，无论是千百年的英雄故事，还是公案中的颠倒黑白，抑或是风月场的悲欢离合，都带着那个时代最真实的印记。正如王国维在《宋元戏曲考》中所说："盖自唐、宋以来，士之竞于科目者，已非一朝一夕之事，一旦废之，彼其才力无所用，而一于词曲发之。……适杂剧之新体出，遂多从事于此；而又有一二天才出于其间，充其才力，而元剧之作，遂为千古独绝之文字。"

（3）思想领域的活跃

成吉思汗在给中原道教领袖丘处机的诏书中曾说："来去从背，实力率之故，然久逸暂劳，冀心服而后已。"元代疆域广阔，民族众多，为了使人"心服"从而便于统治，对被征服民族基本采取"因俗而治"的政策。各种文化，宗教的并存与融合，也是元代统治者十分注意的问题。

辽、金两代皆尊崇佛教，蒙古人中原后也很注意笼络佛教僧人。当时中原佛教以禅宗势力为最大，禅宗曹洞宗的高僧万松长老曾经被金章宗请到内庭讲法，并受命主持燕京仰山栖隐寺，元初名臣耶律楚材就曾经拜于万松门下为弟子①。成吉思汗本人也曾经召见过临济宗禅师海云，元宪宗时，海云受命掌蒙古释教事。1253 年，乌斯藏喇嘛教首领八思巴谒见忽必烈。八思巴所宣扬的喇嘛教经义道理很容易被蒙古贵族所接受，备受尊崇。从此喇嘛教逐渐取代禅宗，成为蒙元贵族最为尊崇的佛教派系。但在民间，尤其是士人阶层，禅宗依然有着很大的影响，在元曲中时常能看到禅宗思想的影子。

道教中影响最大的是全真教。全真教初兴于金，战乱时百姓往往依托于宗教，来作为心灵的慰藉。元好问《紫薇观记》中写道："贞祐丧乱之后，荡然无纪纲文章，蚩蚩之民，靡所趣向，为之教者独是家（全真教）而已。"金兴定三年（1219），成吉思汗特派使臣到山东莱州，请全真教丘处机去西域相见，尊礼备至，称为"神仙"。四年后丘处机返回中原，受命统领天下道教。当时元军正跃马于中原，百姓惊慌逃命，匿于全真教门以避难者颇多。元世祖期间，佛教已经在蒙元贵族中确立了地位，先后两次佛道之争，全真教都以败退而告终，从此屈居于佛教之下，但在道教中依然首屈一指，而且在民间的流传还是相当深远。

元代立国之初，为了尽快建立有效的政治制度，曾经一度重用儒臣。元太宗窝阔台的重臣耶律楚材就是一位儒士，他建议以儒治国，不能马上治天下。于是窝阔台延循前朝旧制，封孔子后裔为衍圣公，又修复孔庙，还曾经开科考选儒士。后来忽必烈在即位诏书中便说"朕惟祖宗肇造区宇，奄有四方，武功迭兴，文治多缺"，在建立行政机构，恢复经济等方面颇为倚赖汉族大臣。

①参见韩儒林《元朝史》上册 246 页。

但是，事实上元代统治者只是将儒学作为手段，儒家所宣扬的政治观点比起佛道的因果神幻之说要难懂得多，文化水平较低的蒙古贵族往往很难理解。当年成吉思汗提携耶律楚材，只是因为他善于卜筮。当时有个得宠的西夏造弓匠人常八斤，曾经对楚材说，国家正是用武力的时候，你一个儒者有什么用呢？楚材回答："制造弓需要用弓匠，治理天下自然需要治理天下的人！"①虽然成吉思汗对他的回答很是欣赏，但我们也可以看到，在元代上层阶级大多数人心目中，从一开始，儒学就是不受重视的。

延佑二年的科举考试中，规定四书五经均以程朱理学传注本为主，理学正式上升为官学②。元武宗时，又加封孔子为"大成至圣文宣王"。但儒学的地位和从前相比，终究是大大下降了。按蒙古体制，"三教里，释迦牟尼佛系当中间里安置，老君底，孔夫子底像左右安置，自来如此"③。儒教不再享有全力的扶持和至高的地位，只是同其他各种宗教，民族文化一体共存。汪元量在《湖山类稿》中说："释氏掀天官府，道家随世功名，俗子执鞭亦贵，书生无用分明。"这一结果使大部分的儒生不得不另寻出路，但同时也让儒家的传统封建礼教开始动摇，让人们的思想有了更多的自由。

而且元朝民族杂居，交通便利，各族乃至各国之间的文化交流空前拓展，相互之间风俗习惯也多有影响。违背礼教，"有伤

---

①《元史》卷一百五十六《耶律楚材传》

②虽然元代科举时断时续，但是以经义取士，并且以程朱理学传注为标准却对后世影响深远，这一规定在明清两代延续了六百年。

③《虚仙飞泉观碑》，见《元代白话碑集录》百二九，转引自韩儒林《元朝史》上册253页。

二、关汉卿的杂剧创作

1．寄寓着理想的人物形象

关汉卿现存的剧作，主题并不复杂。如果要分一下类别，公案、英雄、风月几个词语就可以概括。但是这些剧作中所包含的广阔的背景，丰富的内蕴，却无论如何也不能一言道尽。而他笔下的人物则遍及三教九流，有名将贤臣，有恶霸无赖，有名妓淑媛，有君子小人。这些鲜活的人物让我们看到了元代社会的风俗画，以及人们心中的喜爱与憎恶。尤其是剧作中的主人公们，或勇猛莽烈，或机智多谋，或一往情深，在那个有着诸多不公的时代里，这些人物的身上蕴含着普通百姓美好的愿望，更寄寓着关汉卿内心深处的理想。所以郑振铎《插图本中国文学史》中说："而汉卿能写诸般不同的人物，却又是他们所不能的。尽管其题材是很通俗的，很平凡的，未必能动人的，像公案杂剧一类的东西，实在是最难写得好的，而汉卿却都会使他们生出活气来，如今读之，仍觉得是活泼泼的，当时在剧场上，当然是更为惊心动魄的了。"

（1）充满反抗精神的女性

元代城市繁华，经济繁荣，勾栏瓦肆中的女艺人数量众多。她们参与普通的民间戏剧歌舞演出，也经常承担起官方的文艺娱乐，在元杂剧中经常看到勾栏女子被官府"唤官身"，就是去从事这一类的活动。她们聪慧而美丽，往往色艺双绝。夏庭芝《青楼记》中所述当时名姬，如梁园秀"喜亲文墨，作字楷媚，闲吟小诗，亦佳"，张怡云"善谈笑，艺绝流辈，名重京师"，喜春景"姿色不逾中人，而艺绝一时"。胡紫山在《朱氏诗卷序》中盛赞女艺人珠帘秀，以一女子而旦末兼攻，精擅各种角色：

　　以一女子，众艺兼并，危冠而道，圆颅而僧，褒衣而儒，武弁而兵；短袂则骏奔走，鱼笏则贵公卿；卜言祸福，医决死生，为母则慈贤，为妇则孝贞；媒妁则雍容巧辩，闺门则旖旎娉婷；九夷百蛮，百神万灵；五方之风俗，诸路之音声；往古之事迹，历代之典型……

可见这些女艺人并不仅仅拥有美丽容貌，更是以过人的才情，从容谐谑的谈吐，超凡的技艺而令人倾倒。

尽管如此，她们依然栖身于社会的最底层。在欢场上长袖善舞，巧言解谑，背后却不知道有多少不为人知的血泪和悲哀。《青楼记》中记京师名妓樊事真，曾与参议周仲宏相恋，周回江南之前与樊事真约定，"别后善自保持，毋贻他人之诮"。樊以酒酹地，誓言如若有负，当刽一目以谢君子。可是不久之后，便有权豪子弟前来逼迫，樊事真毅然相抗，但其母"迫于势，又利其财"，终不获免。周仲宏返回京师，樊事真凄然相告："别后非不欲保持，卒为豪势所逼，昔日之誓，岂徒设哉！"于是自抽金篦刺左目，血流遍地，"周为之骇然，因欢好如初"。

尽管还算是一个圆满的结局，但这些弱女子的无助和决然却令人扼腕叹息。关汉卿自称是"普天下郎君领袖，盖世界浪子班头"，"半生来折柳攀花，一世里眠花卧柳"（［南吕·一枝花］《不伏老》），常年流连于勾栏瓦肆，与梨园子弟，青楼歌姬交往甚多。他对这些才华横溢，却处于社会底层的女性非常了解，并寄予了深切的同情。很多剧作中都以这些女子为中心，抨击豪强权贵，无赖流氓的无耻行径，将她们不幸的处境呈现于大众面前。更是极力摹写她们的机智勇敢，不屈不挠的意志，勇往直前的抗争精神。因为这是作为那个时代的女性，追求理想爱情和人生幸福唯一的途径。

《救风尘》中的赵盼儿，就是一个令人难忘的形象。她可以说是这样一类代表：并不是用直接的方式加以反抗，而是机心妙运，以自己的聪明才智与人周旋，达到最终的目的。她聪明伶俐，有一双识人慧眼。风尘姐妹宋引章要嫁给富商周舍，她一眼便看出周舍其人轻薄无良，"娶到他家里，多无半载相抛弃"。于是极力劝阻，但没有涉世经验的宋引章却执意不听，嫁过去之后果然挨打受骂，只好向赵盼儿求救。赵盼儿立刻开始制定计策，收拾起衣服行李妆奁车马，前往郑州。临行前，还特意强调了自己的决心和手腕：

　　［双雁儿］我着这粉脸儿搭救你女骷髅，割舍的一不做二不休，挤了个由他咒也波咒。不是我说大口，怎出得我这烟月手！

以一种志在必得的气势踏上了路途。然而周舍是当地富商，赵盼儿一个孤身弱女子，又如何能够应对？不过她心中早有计较："我到那里，三言两句，肯写休书，万事俱休。若是不肯写休书，我将他揾一揾，拈一拈，搂一搂，抱一抱，着那厮通身酥，遍体麻，鼻凹上抹上一块砂糖，着那厮舔又舔不着，吃又吃不着，赚得那厮写了休书，引章将的休书来，淹的撇了。"于是假言与周舍周旋，柔情密语，引得他钻入圈套，最后说"你舍的宋引章，我一发嫁你"。周舍也不是善与之辈，要赵盼儿发个誓愿才肯相信。赵盼儿便说："你若休了媳妇，我不嫁你呵，我着堂子里马踏杀。灯草打折臁儿骨。"观众看到这里多半是会心一笑的——可周舍并没领会这"誓言"中的戏谑，欢欢喜喜地上了赵盼儿的当。等他恍然大悟时，赵盼儿已经带着宋引章逃走了。她早有预料周舍会追随而来，特意伪造了一封假休书交给宋引章带着，自己却将真休书密密藏好。周舍眼看就要"弄的尖担两头脱"，气急败坏之下从宋引章处抢来休书，一口咬碎，并以原先的誓言责问赵盼儿。赵盼儿毫不客气地回答，"遍花街请到娼家女，那一个不对着明香宝烛，那一个不指着皇天后土，那一个不赌着鬼戮神诛？若信这咒盟言，早死的绝门户"。然后还有心情调侃一句"引章妹子，你跟将他去"，随后才说出被咬碎的休书原本是假。周舍又想来夺真休书，赵盼儿坚决回答："便有九头牛也拽不出去！"贪婪好色的周舍，最终还是落得竹篮打水一场空。

　　《望江亭》中的谭记儿所采取的也是类似的抗争方式。这是一位独特的女性，虽然先后做了学士和州官的夫人，却丝毫不像上层社会文雅雍容的闺中淑女。她青年守寡，但并不甘心就这样终此一生，对庵观白姑姑说"若有似俺男儿知重我的，便嫁他"。终

于在白姑姑的撮合下，与白士中成就美好姻缘。可没过多久便祸
从天降，杨衙内垂涎谭记儿的美色，"一心要他做个小夫人"，于
是向皇上诬告白士中"贪花恋酒，不理公事"，带了金牌势剑文
书，要去潭州取白士中的首级。白士中面对即将到来的这场灾祸
一筹莫展，又不愿意告诉谭记儿。谭记儿知道真相后，却不以为
意："原来为这般！相公，你怕他做什么？"毫不客气地说：

> ［十二月］你道他是花花太岁，要强逼的我步步相
> 随；我呵，怕什么天翻地覆，就顺着他雨约云期。这桩
> 事，你只睁眼儿觑着，看怎生的发付他赖骨顽皮！
> ［尧民歌］呀，着那厮得便宜翻做了落便宜，着那厮
> 满船空载月明归；你休得便乞留乞良捶跌自伤悲。你看
> 我淡妆不用画蛾眉，今也波日，我亲身到那里，看那厮
> 有备应无备！

谭记儿从容镇定，信心十足，装扮成卖鱼妇张二嫂，趁中秋
去给江边赏月的杨衙内切鱼鲙。并借机出言挑逗，说"媳妇来到
这里，受了礼也做的夫妻"。三言两语套出杨衙内真正的来意，假
意赞扬道"相公若拿了白士中呵，也除潭州一害"，令对方完全放
松了警惕。杨衙内果然落入圈套动了心，想娶这位美貌渔妇。声
称"大夫人不许他，第二个夫人，包髻团衫绣手帕都是他受用"。
而谭记儿继续假作谦虚，"量媳妇有何才能，着相公如此般错爱
也"，在席间调笑劝酒，对诗吟句，把杨衙内灌得酒意朦胧，势剑
金牌文书都拿了出来给人看。谭记儿假意借势剑持三天鱼，借金
牌打个戒指，随手将文书揣入袖中，乘舟飘然而去。没有了信物

的杨衙内就像被拔了毒牙的蛇，再也没法兴风作浪，于是一场危难轻松化解。正如白士中前文所赞，"休说一个杨衙内，一百个杨衙内也出不得我夫人之手也"。

近代学者吴梅曾说："剧中谭记儿事，情理欠圆，岂有一夕江亭，并符牌盗去之理？在作者之意，盖欲深显衙内之恶，不复顾及夫人之失尊也。"作为学士和州官夫人，谭记儿假扮民妇，抛头露面，嬉笑怒骂，的确丝毫没有宦门贵妇的影子。但是元代原本是思想桎梏日渐松动，社会风气比较开放的时期，关汉卿的杂剧又是出自"勾栏瓦舍"，始终洋溢着自由活泼的民间本色。"学士夫人"于谭记儿来说只是一个淡淡的印记，她身上没有三从四德的约束，没有温柔敦厚的传统，如同一朵扎手而芬芳的玫瑰，明艳动人。至于"一夕江亭，并符牌盗去"，的确顺利得有些不可思议。但谭记儿和赵盼儿一样，她们的反抗方式都是机智巧妙的，凭借自己的言语手腕，令事情发展峰回路转，在最后一刻大快人心。这是民间百姓喜闻乐见的戏码，寄托着作家美好的愿望，正如王国维在《红楼梦评论》中说："吾国人之精神，世间的也，乐天的也，故代表其精神之戏曲小说，无往而不着此乐天之色彩，始于悲者终于欢，始于离者终于合，始于困者终于亨。非是而欲餍阅者之心，难矣。"

但是，在实际生活中，更可能存在的则是另一种反抗方式。更为直截，毫不畏惧地以一己之身去对抗强大的力量。譬如《诈妮子调风月》中的婢女燕燕，虽然身份低下，但平素也有着"冰清玉洁难亲近"的个性。小千户许以小夫人并引诱了她，燕燕"觑了他兀的模样，这般身分"，更"拗不过哥哥行在意殷勤"，遂委身相从，并希望他能够信守誓言，给自己一段美好姻缘。当小千户将誓言抛在脑后，移情别恋之时，燕燕并没有就此忍气吞声，她在婚礼上一番大闹，指责小千户"须是人身人面皮，人口人言语"，最终在家长的主持下，成为小千户的二夫人。虽然这样一个结局来得似乎有些妥协，但以燕燕婢女的身份，丝毫不顾什么主仆尊卑，勇于追求自己的幸福，毕竟已经是难能可贵。《调风月》虽然是以金朝为背景，但元代又何尝不是如此呢？在很多高官显贵家中，像燕燕这样的情况恐怕常有发生。尽管在剧中，关汉卿给我们的是一个喜剧的结局，但这种理想化的结局在现实中所投射出的，往往是悲剧的影子。

而《窦娥冤》则将这种反抗精神推向了最高峰。女主人公窦娥以一种宁为玉碎不为瓦全的凛然气魄，在中国文学史上写下了光彩照人的一笔。窦娥的父亲窦天章是穷苦儒生，为了进京赴考，名为抵押，实际上相当于把女儿卖给了蔡婆婆做童养媳。婚后两年丈夫病故，与婆婆相依为命，命运已经极为悲惨。这时候张驴儿父子又倚仗着自己救过蔡婆性命，找上门来赖住不走，放出无赖手段，令婆媳二人不堪其扰。窦婆婆性情软弱，对儿媳说"这也是出于无奈"，窦娥却毫不留情，指责道"梳着个霜雪般白鬓鬓，怎戴那销金锦盖头？怪不得可正是女大不中留"。

前代不少研究者曾经因此而批评关汉卿秉持女子贞节观念，认为窦娥守节不嫁并且出言讥讽蔡婆，是秉承封建社会女子不事二夫的陈腐规条。但张驴儿父子原本就是泼皮无赖，强行住进家中，窦娥又怎么可能轻易将身许人？《望江亭》中谭记儿先嫁学士李希颜，守寡后再嫁白士中，丝毫不认为是羞耻之事。以窦娥守节操来驳斥关汉卿，恐怕并不能站得住脚。以张驴儿的蛮横无赖和心肠恶毒，窦娥自然要横眉冷对，张驴儿扯她拜堂，却被一把推跌。后来张老儿误服毒药身亡，窦婆婆害怕张驴儿的威胁，便开口相劝："孩儿，你随顺了他罢。"窦娥却了无畏惧，"婆婆你怎说这般言语！"尽管日后在公堂上为不使婆婆受刑，窦娥最终屈打成招，但直到临刑都不曾有半点屈服：

[滚绣球] 有日月朝暮悬，有鬼神掌着生死权。天地也！只合把清浊分辨，可怎生糊突了盗跖，颜渊？为善的受贫穷更命短，造恶的享富贵又寿延。天地也！做得个怕硬欺软，却原来也这般顺水推船！地也，你不分好歹何为地？天也，你错勘贤愚枉做天！哎，只落得两泪涟涟。

而在临死之前，窦娥又发下三桩誓愿，要血溅白练，雪飞六月，亢旱三年，日后果然一一应验，最终沉冤得雪。在现实社会中，这样的神异现象毕竟不可能出现，最后的"昭雪"也只是一个理想化的结局，但关汉卿在窦娥身上所寄托的强烈个性和反抗精神，确是在这出戏中达到了极致。

其实看一看这出剧目的本事源流，我们大略也可以知道关汉卿所要表达的重点。《窦娥冤》本事源于东海孝妇故事，在汉代的几部典籍中都有记载。《汉书·于定国传》叙录如下：

东海有孝妇，少寡，亡子，养姑甚谨，姑欲嫁之，终不肯。姑谓邻人曰："孝妇事我勤苦，哀其亡子守寡。我老，久累丁壮，奈何？"其后姑自经死。姑女告吏："妇杀我母。"吏捕孝妇，孝妇辞不杀姑。吏验治，孝妇自诬服。具狱上府，于公以为此妇养姑十余年，以孝闻，必不杀也。太守不听，于公争之，弗能得，乃抱其具狱，哭于府上，因辞疾去。太守竟论杀孝妇。郡中枯旱三年。后太守至，卜筮其故，于公曰："孝妇不当死，前太守强断之，咎党在是乎？"于是太守杀牛自祭孝妇冢，因表其墓，天立大雨，岁孰。郡中以此大敬重于公。

……

始定国父于公，其闾门坏，父老方共治之。于公谓曰："少高大闾门，令容驷马高盖车。我治狱多阴德，未尝有所冤，子孙必有兴者。"至定国为丞相，永为御史大夫，封侯传世云。

其实是写于定国之父于公的政事，很容易看出因果报应，劝人向善的主题。而《搜神记》卷十一《东海孝妇》，前半段与《汉书》基本相同，于公祭墓之后却多了一段故事：

长老传云："孝妇名周青。青将死，车载十丈竹竿，以悬五幡。立誓于众曰：'青若有罪，愿杀，血当顺下；青若枉死，血当逆流。'既行刑已，其血青黄，缘幡竹而上标，又缘幡而下云。"

据《录鬼簿》记载，当时梁进之、王实甫、王仲元都作有《于公高门》杂剧，虽已失传，从题目大略可判断是颂扬于公的明断，沿袭了《汉书》的主旨。而关汉卿则在《窦娥冤》中所塑造的充满不屈意志和反抗精神的窦娥形象，正是受到这一段多出来的，民间流传故事的影响。从民间故事中，往往能看到生活的本色，强权下的不公和抗争。比起《于定国传》中以于公为主线，宣扬因果报应的主旨，关汉卿更多的承袭了《搜神记》中周青怨怒冲天的反抗精神，《窦娥冤》遂成为动人心魄的千古悲剧。正如王国维在《宋元戏曲史》中说："其最有悲剧之性质者，则如关汉卿之《窦娥冤》，纪君祥之《赵氏孤儿》。剧中虽有恶人交构其间，而其赴汤蹈火者，仍出于其主人公之意志，则列于世界大悲剧中，亦无愧色也。"

（2）智勇仁义兼备的英雄

金元之际的社会是长期动荡不安的。元朝先联宋灭金，又挥师南下灭宋，几十年间战火不断。而元朝建立之后，又长期实行等级制度，广大百姓长期处于被压迫的地位。在人间找不到一个救世主来拯民于水火，那只有到历史中去寻觅他们的面目。关汉卿笔下的历史剧，对于历史上的英雄人物，尤其是英勇的名将和贤明的帝王，给予了毫不吝惜的赞美。不仅仅是对于历史的再现，更是为了寄托一种济世安民的理想和抱负，以及对于英雄无觅的感慨。

关羽在中国历史上一直有着特殊的地位，从北宋开始就被历代帝王加以各种封号，被誉为忠义、仁德、勇武的化身，在民间更一直是被人尊崇的对象。而关汉卿对这位同姓的古代名将也是情有独钟，《关大王单刀会》无疑是他历史剧中的代表作品。剧中写鲁肃定下三条计策，要请关羽过江赴宴。之前先去找乔公和水鉴先生司马徽商量事宜。乔公甫一出场，唱词便颇为耐人寻味：

〔混江龙〕止留下孙、刘、曹操，平分一国作三朝。

不付能河清海晏，雨顺风调，兵器改为农器用，征旗不
动酒旗摇；军罢战，马添膘；杀气散，阵云消；为将帅，
作臣僚；脱金甲，着罗袍；则他这帐前旗卷虎潜竿，腰
间剑插龙归鞘。人强马壮，将老兵骄。

　　"河清海晏，雨顺风调，兵器改为农器用，征旗不动酒旗摇"，
这也正是一个动乱社会中，天下苍生共同的梦想。乔公随后说
"这荆州断然不可取"，并且对关羽的勇猛大加赞誉，"他上阵处
赤力力三绺美髯飘，雄赳赳一丈虎躯摇，恰便似六丁神簇捧定一
个活神道"。历来评论中多认为作者是借乔公之口，侧面烘托出关
羽的英勇无敌。这的确是关汉卿高超的戏剧创作技巧，但其用意
又并不仅止于此。乔公之前对赤壁战场上"带鞍带辔烧死马，有
袍有铠死尸骸"的描述，又何尝不是数十年征战中华夏大地的惨
状？不愿意再起刀兵，"你则待千军万马恶相持，全不想生灵百
万遭残暴"，这不仅仅是对于一位英雄名将的赞美，同时也是对鲁
肃"你待要行霸道，你待要起战讨"的担心，寄寓了河清海晏，
天下太平的渴望。

　　而后司马徽登场，这位山林隐士对于关羽的描绘，又和乔公
大有不同。水鉴先生是隐者，想的是"紧抄定两只拿云手，再不
出麻袍袖"，什么阴谋诡计海内干戈，一概不再过问。这种态度未
免让人想起元代散曲中所弥漫的"避世"精神，将社会历史统统
视为毫无价值的存在，"你为汉上九座州，我为筵前一醉酒"，
"只为你千年勋业三条计，我可甚一醉能消万古愁"——但正因为
不能带来九州四海之安宁，"济世"的愿望无法实现，司马徽才
由"钓鳌人"变为"扶犁叟"，在他内心深处，想的又何尝不是休

兵弭战，干戈止息。所以司马先生以一种颇为夸张的方式渲染西蜀众将的勇猛，诸葛先生的智谋，而关羽则更是有若武神下世一般，"他若是宝剑离匣，你则准备着头，枉送了你那八十一座军州！"

到了第三折，久经铺垫之后，关羽终于正式露面。出场后自述生平，以及天下形势，却从三国分立一下子跳到了楚汉相争：

> ［粉蝶儿］那时节天下荒芜，恰周、秦早属了刘项，分君臣先到咸阳。一个力拔山，一个量容海，他两个一时开创。想当日黄阁乌江，一个用了三杰，一个诛了八将。
>
> ［醉春风］一个短剑下一身亡，一个静鞭三下响。祖宗传授与儿孙，到今日享、享。献帝又无靠无依，董卓又不仁不义，吕布又一冲一撞。

正如同关羽所慨叹，"汉皇仁义用三杰，霸主英雄凭一勇"。当年楚霸王项羽有拔山盖世的武力，但是"诛了八将"的猜疑和残忍并没有为他奠定江山。反而是"量容海"，"用了三杰"的刘邦最终取得天下。自古柔仁伏暴强，武力可以夺取土地，却无法征服人心。当年元兵南下攻宋，"财货子女则入于军官，壮士巨族则殄于锋刃；一县叛则一县荡为灰烬，一州叛则一州莽为废墟"（胡祗遹《民间疾苦状》），与项羽坑杀秦军降兵，火烧咸阳的举措何其相似。而到如今，董卓之"不仁不义"是失了道德，吕布之"一冲一撞"是徒凭莽勇，至于"无依无靠"的献帝，所能依靠的便只有"称孤道寡世无双"的"俺哥哥",也就是蜀主刘备。这样看来,"祖宗传授与儿孙"的不仅仅是江山社稷的正统,更是以仁德治世的传统。

接到鲁肃的书信,关平劝说道"他那里筵无好会,则怕不中么",关羽也明明知道"不是待客筵席,则是个杀人的战场",却依然慨然赴会。"大丈夫敢勇当先,一人拚命,万夫难当",言语之间完全是一代名将的气魄。待到舟行江中,见大江东去,关汉卿又以千古江山,英雄人物为背景,再度渲染出关羽的形象:

[双调] [新水令]大江东去浪千叠,引着这数十人驾着这小舟一叶。又不比九重龙凤阙,可正是千丈虎狼穴。大丈夫心别,我觑这单刀会似赛村社。

(云)好一派江景也呵! (唱)

[驻马听]水涌山叠,年少周郎何处也?不觉的灰飞烟灭,可怜黄盖转伤嗟。破曹的樯橹一时绝,鏖兵的江水犹然热,好教我情惨切! (带云)这也不是江水,(唱)二十年流不尽的英雄血!

明知此去是"千丈虎狼穴",却始终镇定从容,"觑这单刀会似赛村社"。而[驻马听]一曲化用苏轼《念奴娇·赤壁怀古》词意,将江山秀色,古今风云融为一体。赤壁鏖兵的战场犹在,而周瑜,黄盖等力抗曹军的名将均已下世。征战杀伐,英雄血尽,不知何时才是止期,沉雄悲慨之气溢于词句间。到了酒宴上,鲁肃以"信"质问关羽,关羽则一针见血地指出,天下原本是汉室江山:

[沉醉东风] 想着俺汉高皇图王霸业，汉光武秉正除邪，汉王允将董卓诛，汉皇叔把温侯灭，俺哥哥合情受汉家基业。则你这东吴国的孙权，和俺刘家却是甚枝叶？请你个不克己先生自说！

　　连用五个"汉"字，来强调江山本属汉室，陈词慷慨，让鲁肃无话可说。更有腰间宝剑"怒则跃匣铮铮而有声"，接连震响三次，关羽随即喝道"今朝索取荆州事，一剑先交鲁肃亡"，以正义的立场和勇武的气势慑服了鲁肃。鲁肃不得不亲自送关羽上船回荆州，一场剑拔弩张的风波终于化于无形，而关羽所捍卫的"汉家节"终究不倒。

　　从《单刀会》本事而论，东汉末年，曹操、刘备、孙权争夺天下，而赤壁之战后刘备没有立足之地，遂趁曹孙交战之际计取荆州，对孙权说暂借安身，待取西川后归还。但刘备入川之后依然无意归还荆州，并派关羽镇守。《单刀会》情节即由此而展开。不过就史书而论，《三国志·鲁肃传》记载原本是"肃邀羽相见，各驻兵马百步上，但诸将军单刀俱会"。并没有剧中单刀赴宴，剑拔弩张的情节。鲁肃开口讨要荆州时，"座有一人曰：'夫土地者，惟德所在耳，何常之有！'肃厉声呵之，辞色甚切"，并不是关羽直接开口与之抗衡。而裴松之注引《吴书》则说：

　　肃欲与羽会晤，诸将疑恐有变，议不可往。肃曰："今日之事，宜相开譬。刘备负国，是非未决，羽亦何敢重欲干命！"乃趋就羽。羽曰："乌林之役，左将军身在

行间，寝不脱介，戮力破魏，无一块壤，而足下来欲收
地邪？"肃曰："不然。始与豫州观于长阪，豫州之众不
当一校，计穷虑极，志势摧弱，图欲远窜，望不及此。
主上矜悯豫州之身，无有处所，不爱土地士人之力，使
有所庇荫，以济其患，而豫州私独饰情，愆德隳好。今
已藉手于西州矣，又欲翦并荆州之土，斯盖凡夫所不忍
行，而况整领人物之主乎！肃闻贪而弃义，必为祸阶。
吾子属当重任，曾不能明道处分，以义辅时，而负恃弱
众以图力争，师曲为老，将何获济？"羽无以答。

赴单刀会的原本是鲁肃，而关汉卿借史书中的情节，安置到
关羽的身上。并且发挥了"惟德所在"的说法，强调刘备是汉室
江山正统的继承人，这与宋元民间流行的尊刘攘曹观点也是相
符合的。历来有分析将这一点与元代的民族矛盾相联系，虽然
不能说关汉卿此剧就是因此而作，但至少以仁德胜强权，的确
能反映出当时人心之所向。而关羽以一己之力平息风波，化解
干戈，这样兼备了仁义智勇的英雄，更是民间百姓所期待的。

《单鞭夺槊》中的尉迟恭，也是一位"有万夫不当之勇"的英
雄。隋唐之际是兵马纷争的乱世，尉迟恭忠于主君刘武周，虽然
唐元帅李世民多次招安，他的回答始终是"某有主公刘武周，见
在定阳，岂肯降汝！"待见到刘武周已经被杀，大势已去，仍要求
"服孝满"，以尽最后的君臣之礼。尽管尉迟恭并不是"从一而
终"，但在乱世纷争之际，这样一位心思简单，一旦跟随便忠心报
主的草莽英雄，却让人觉得十分可敬可爱。

而当时尚是元帅的李世民，也同样是以匡扶天下，平定海宇

为己任。收服了尉迟恭之后，他心中所想的便是"凯歌回，卸兵甲，载旌旗，还紫禁，到丹墀"，能够早日休兵罢战，一统天下。尉迟恭入营投诚，他"亲解其缚"，"降阶接待"，并以当年汉高祖刘邦的知人善任为榜样，希望尉迟恭能成为自己的左膀右臂，"扫荡云霾，肃靖尘埃"。尉迟恭也深为感动，"必然舍这一腔热血，与国家出力"。李元吉为报当年尉迟恭在赤瓜峪打他的"一鞭之仇"，将尉迟恭陷害下狱，李世民闻报后，坚信尉迟恭是"全忠尽孝真良将"，并火速赶回营中相救。而尉迟恭在面对冤屈时，不忍气吞声，也不一走了之，李世民要赠金放行，他宁可一死表明心志。最终以高强的武功三次从李元吉手中夺槊，证明了自己的清白。之后李世民窥兵洛阳城被围，他接到徐茂公的求助立刻赶去救援，最终以"举鼎拔山力，超群出世雄"战得单雄信大败亏输。

关羽独自过江，显示勇武并晓以大义，让鲁肃计未得逞。而李世民和尉迟恭，则是民间所期待的"圣主忠臣"的典范。君王予以臣子信任和爱护，而臣子对君王付出忠心乃至生命。而最终的目的，依然是"扶持宇宙，整顿江山"。在乱世中人们渴盼英雄，无非是希望烽火尽熄，天下太平。

（3）明察秋毫的清官能吏

在元朝那样一个特殊的历史时期，蒙古统治者既一力擢用文化水平相对较低的蒙古人和色目人，又长期废止科举，官员的铨选上一直有着很大的问题。《元史》中写道："七年，太宗命子贞为行台右司中郎。……行台所统五十余城，州之官或擢自将校，或起自民伍，率昧于从政。"①"江淮行省事至重，而省臣无一人通文墨者。"②任用只知道行军打仗的兵将，不懂汉文的人来担任行政官员，如何处理民间的诉讼案件，可想而知。还有不少官员是"荫叙"而来，《元史·成宗本纪二》："各道廉访使必择蒙古人为使，或缺则以色目世臣子孙为之，其次参以色目、汉人。"很多这样的官员不仅不识汉文，而且根本就年龄很小，不谙世事。这样一来，元朝的地方行政，"其于法意之低昂，民情之幽隐，不能周知而悉究"③，乃至于盗贼猖獗，冤案迭出。

《元典章》卷四十《刑部二·刑狱》"不得法外枉勘问"条写道：

> 今之官吏不体圣朝恤刑之意，不思仁恕，专尚苛刻，每于鞫狱问事之际，不察有无赃验，不审可信情节。或惧不获正贼之责，或贪昭察之名，或私偏徇，或挟宿怒，不问重轻，辄加拷掠，严刑法外，凌虐囚人，不胜苦楚，锻炼之词，何求不得？致令枉死无辜，幸不致命者，亦为残疾。④

这很容易让我们想起《窦娥冤》中窦娥受刑时的凄惨场景：

---

① 《元史·宋子贞传》卷一百五十九，3736页。
② 《元史·崔斌传》卷一百七十三，4038页。
③ 危素《送陈子嘉序》。
④ 《大元圣政国朝典章》，《四库全书存目丛书》史部263册，齐鲁书社1996年影印本，427页。

[感皇恩] 呀！是谁人唱叫扬疾，不由我不魄散魂
飞。恰消停，才苏醒，又昏迷。捱千般拷打，万种凌逼，
一杖下，一道血，一层皮。

[采茶歌] 打的我肉都飞，血淋漓，腹中冤枉有谁
知！则我这小妇人毒药来从何处也？天那，怎么的覆盆
不照太阳晖！

《窦娥冤》中的太守桃杌接到案卷，根本不问不审，只声称
"人是贱虫，不打不招"，并且威胁窦娥，如果不招认，就要对蔡婆
婆用刑，窦娥不得不含冤画供。从《元典章》中的条目来看，这一
情节并不只发生在戏剧舞台，大概已经成为元代地方府衙司空见
惯的情状。我们可以想象，作为原本就生活在底层的普通百姓，
是多么希望有人来为他们主持公平。

公案题材一直在俗文学中久盛不衰，宋代的话本小说中就有
公案①一类，元杂剧中的公案剧更是盛行。关汉卿笔下的"包待
制"连续出现在两部剧作中，即北宋名臣包拯，也就是民间所传
称的"包青天"。在《鲁斋郎》一剧中，他先后收养了李四和张珪
的两双儿女，并教习文章，送去应试科举。他查访鲁斋郎的斑斑
劣迹，巧做文章，奏报天子"有一人乃是'鱼齐即'，苦害良民，
强夺人家妻女，犯法百端"，天子判了斩字之后，他将"鱼齐即"
添笔变为"鲁斋郎"，先斩后奏，为民除害，使张家和李家终得团
圆。而在《蝴蝶梦》一剧中，他明知王家三兄弟打死葛彪是为民

---

①罗烨《醉翁谈录·小说开辟》："有灵怪、烟粉、奇传、公案，兼朴刀、杆棒、妖
术、神仙。"

除害，但又不能有违法度，于是用盗马贼赵顽驴换出王三，替偿葛彪之命。另一位清官钱大尹也出现在两部剧作中。在《绯衣梦》里，他自称"正直公平，节操坚刚，剖决如流，并无冤枉"，派人明察暗访，又将证物比对，终于找出杀死梅香的真凶裴炎，洗雪了李庆安的冤情。《谢天香》尽管不是公案剧，但钱大尹假娶谢天香，脱去她的乐籍，为谢天香、柳永二人终成眷属铺平了道路。这两位官员尽管都不是剧中的主角，但都在剧情发展过程中起到了重要的作用。与民做主，为民着想，惩恶扬善。

《窦娥冤》中窦娥的父亲窦天章也是以清官形象出现的，他担任肃政廉访使，责任便是"审囚刷卷，体察滥官污吏"。但他的出场同时也伴随着悲凉的气氛，尽管"身居台省，职掌刑名，势剑金牌，威权万里"，却再也找不到他的"端云孩儿"，以至于梦中涕泣。但当他见到窦娥的鬼魂，却要先问"这药死公公，是你不是"，然后呵叱"你是我亲生之女，老夫将你治不的，怎治他人"。尽管思念爱女，却不肯因这份情感而徇私枉法。直到窦娥诉明冤情，他才痛哭道"我那屈死的儿也，则被你痛杀我也"，然后追查到底，终于为女儿洗雪冤情。

然而无论包待制，钱大尹还是窦天章，他们的"明察秋毫"中都有着神异或者巧合的成分。鲁斋郎触犯国法，包待制却不能直接将他问罪，只能在文字上做文章。苍蝇几次三番落在钱大尹笔尖上，他才相信其中必有冤情，而"非衣两把火"的提示也是从李庆安在狱神庙的梦呓中得来。窦娥的鬼魂亲自去见父亲，才终于将自己的冤情大白于世。这些发生在人世间的"奇迹"，就像剧中的清官一样，同样是一种理想和期待，是对苦难中心灵的慰藉。随着通俗文学的繁荣发展，他们日渐深入人心，却始终难以在人间找到真正的存在。

2. 杂剧中的道德观念和情感归依

"教化"与"言情"，始终是中国古代文学思想中的两个重要命题。作为舞台艺术的戏剧浅显而直观，富于感染力，剧作家的道德标准和对于社会的思考蕴于其中，"伶人献俳，喜叹悲啼，使人之性情顿易，善者无不劝，而不善者无不怒，是百道学先生之训世，不若一伶人之力也"①。与此同时，戏剧也表现着剧作家最为真实的情感，成为他们抒情写愤的最好载体。"倘演者不真，则观者之精神不动，然作者不真，则演者之精神亦不灵"②。他们的喜怒哀乐，眷恋与厌憎，悲悯和同情，总会在剧中留下最真实的印记。

(1) 揭露黑暗的社会现象

大部分的元代杂剧作家都不是书斋里的文人，关汉卿也不例外。他混迹市井，流连梨园，行走勾栏，浪迹南北，见到过各种各样的人间冷暖，黑暗与丑恶。元世祖忽必烈时期，已有人指出当时之弊："官吏奸贪，盗贼窃发，士鲜知耻，民不聊生，号令朝出而夕更，簿书斗量而车载"③。而上层贵族和达官显宦，更是倚势欺人，气焰熏天。《通制条格》卷二十八《杂令·豪霸迁徙》记载："诸人言告豪霸之家，内有曾充官吏者，亦有曾充军役杂职者，亦有泼皮凶顽者，皆非良善。以强凌弱，以众害寡，妄兴横事，罗织平民，骗其家私，夺占妻女，甚至害伤性命，不可胜

---

① 陈洪绶《节义鸳鸯冢娇红记序》。
② 袁于令《焚香记序》。
③ 刘埙《元贞陈言》，《隐居通议》卷三一。

言。交结官府，视同一家，有司亦为其所侮。"

在关汉卿的杂剧中我们经常能看到这样的人物，鲁斋郎就是其中的典型，他一出场便自称"花花太岁为第一，浪子丧门再没双；街市小民闻吾怕，则我是权豪势要鲁斋郎"，声称"嫌小官不做，嫌瘦马不骑"，见到银匠李四的娘子容貌美丽，当即便要抢来占为己有，并且满不在乎地说："兀那李四，这三钟酒是肯酒；我的十两银子与你做盘缠；你的浑家，我要带往郑州去也，你不拣那个大衙门里告我去！"

即便是官府中人，也对鲁斋郎畏之如虎。六案孔目张珪夫妇好心救起了病倒长街的李四，张珪夫人且和李四认为姐弟。张珪原本还很得意地对李四说："谁欺负你来，我便着人拿去，谁不知我张珪的名儿？"但李四一说"鲁斋郎强夺了我浑家"，他便立刻惊慌"掩口"："哟，唬杀我也！早是在我这里，若在别处，性命也送了你的！"鲁斋郎看中他的妻子，让他亲自送上门去，张珪百般不愿也只好听从吩咐，"他便要我张珪的头，不怕我不就送去与他；如今只要你做个夫人，也还算是好的"。"他为臣不守法，将官府敢欺压，将妻女敢夺拿，将百姓敢蹃踏"，"哪一个官司敢把勾头押，题起他名儿也怕！"即便最后包待制不畏强权，将鲁斋郎先斩后奏，也是在案卷上改动名字，做了文章。

《蝴蝶梦》中的葛彪也是这样的人物，"是个权势豪要之家，打死人不偿命"，所以横冲直撞，肆意妄为。明明是他打马过长街撞了路旁休息的王老汉，反说王老汉挡了他的马头，将人活活打死。王老汉的三个儿子一怒之下打死葛彪，需要有人出来抵命，但葛彪打死王老汉，却声称"只当房檐上揭片瓦相似，随你哪里告去"。

元代的法律极不公正，"蒙古人居官犯法，论罪既定，必择蒙古官断之"①，在地方上又触犯法律，也会由不同的司法机关来审理。汉人若杀死蒙古人，则须处死；蒙人若杀死汉人，只需"征烧埋银"。而"因争及乘醉"等理由更可以轻易开脱许多罪名。尽管剧情是虚构，但鲁斋郎，葛彪这样的人物，在当时的社会里却是确确实实的存在。在等级制度下他们享有无数特权，而普通百姓则只能忍气吞声。关汉卿虚构出包待制这样的官员，智斩鲁斋郎，巧放王三，实际上是反映了当时人们最真实的渴望。

权势滔天者如此，地方官员也同样昏聩无能。元代官吏选拔多用蒙古、色目人，很多官员不通汉文，不懂政事，而且手段贪婪，上任只想盘剥索贿，断案只靠严刑拷打。叶子奇《草木子》中记述道："官贪吏污，始因蒙古色目人罔然不知廉耻为何物。其问人讨钱，各有名目：所属始参曰拜见钱，无事白要曰撒花钱，逢节日追节钱，生辰曰生日钱，管事而索要日常例钱，送迎曰人情钱，勾追曰赍发钱，论述曰公事钱，觅得钱多曰得手，除得州美曰好地分，补得职近曰好巢窠，漫不知忠君爱民之为何事也。"忽必烈在即位诏书中便强调："开国以来，庶事草创，既无俸禄以养廉，故纵贿赂而为蠹。凡事撒花等物，无非取给予民，名为己财。"但终元一代，官吏素质低下，官场黑暗浑浊，始终未改。

《窦娥冤》中的楚州太守桃杌出场便说："我做官人胜别人，告状来的要金银；若是上司当刷卷，在家推病不出门。"见到有人告状便说"但来告状的，就是我衣食父母"。接案之后更不调查，只说"与我选大棍子打着"，只打得窦娥"一杖下，一道血，一层

---

① 《元史》卷一〇二《刑法志》一。

皮"。《绯衣梦》中的官员贾虚，听到有告状的来，便说"买卖来了"，讯问时看见王员外舒出五个指头，便立刻和身边的提控达成一致意见，"他是原告，不必问他，着他随衙听候"。然后指李庆安"癫肉顽皮，不打不招"，终于在酷刑之下逼得他签字画押。《裴度还带》中的国舅傅彬，因为洛阳太守韩廷幹没给他"下马钱共起马钱"，便怀恨在心，后来侵吞官钱事发，便反咬一口，诬陷韩廷幹侵没三千贯钱。剧中如此，剧外亦然，上至台省下到府衙，元代的贪官污吏可以说是多如牛毛。

这样的吏治之下，当时的社会情状，道德水准可想而知。元代市井中同样有无恶不作的泼皮无赖，有见钱眼开的鸨母虔婆，尽管没有权势撑腰，同样可以肆意妄为。《窦娥冤》中的泼皮张驴儿乘人之危，不仅强住进别人家中，甚至要谋财夺产，霸人妻女。《金线池》中的杜蕊娘，甫一出场便慨叹风尘中生活不易和虔婆的贪婪凶狠：

[仙吕][点绛唇]则俺这不义之门，那里有买卖营运，无资本，全凭着五个字迭办金银。（带云）可是那五个字？（唱）无过是恶、劣、乖、毒、狠。

[混江龙]无钱的可要亲近，则除是驴生犄角瓮生根。佛留下四百八门衣饭，俺占着七十二位凶神。才定脚谢馆接迎新子弟，转回头霸陵谁识旧将军。投奔我的都是那矜爷害娘、冻妻饿子、折屋卖田、提瓦罐爻槌运；那些个慈悲为本，多则是板障为门。

她与韩辅臣两情相悦，想要成就姻缘，但虔婆却百般阻挠，執意不允，杜蕊娘三番两次恳求道"母亲，嫁了您孩儿罢，孩儿年纪大了也"，虔婆却心硬如铁地回答："丫头，拿镊子来镊了鬓边的白发，还着你觅钱哩！"甚至恶狠狠地威胁，"我老人家如今性子淳善了，若发起村来，怕不筋都敲断你的"，并且将韩辅臣赶出门，又在杜蕊娘面前搬弄是非，令有情人之间骤起风波。关汉卿的戏剧最终经常是完满的结局，但在剧情演进的过程中，展开的却是当时社会最真实的人间百态。在剧中尚有清官来为民做主，有情人尚能终成眷属，但现实社会的重重黑暗却令人窒息。

(2) 弘扬忠孝信义的传统道德

夏庭芝《青楼集志》中说："院本大率不过谑浪调笑，杂剧则不然，君臣如《伊尹扶汤》《比干剖腹》；母子如《伯瑜泣杖》《剪发待宾》；夫妇如《杀狗劝夫》《磨刀谏妇》；兄弟如《田真泣树》《赵礼让肥》；朋友如《管鲍分金》、《范张鸡黍》，皆可以厚人伦，美风化。"虽然我们不能断言，关汉卿在创作时，心中就一定存了弘扬"人伦风化"的念头；但他心中的道德标准，以及儒家思想的深深浸润，却往往能够从剧中体现出来。而且戏剧是非常贴近普通百姓的艺术形式，在民间，忠孝信义等中国传统道德又总是深受推崇，这也成为剧中不变的主题。

关汉卿笔下的历史英雄人物多是忠臣良将，通晓君臣大义。关羽不顾危险，单刀过江，在鲁肃的鸿门宴上慷慨陈词晓以利害，捍卫了汉室江山。尉迟恭忠勇正直，在遭到怀疑时宁可一死来表明心迹。《拜月亭》中王瑞兰和蒋世隆在乱世相逢，结为夫妻，同甘共苦。但是看到山大王陀满兴福和蒋世隆曾经结义兄弟，立刻就变了颜色：

[醉扶归] 你道您祖上侵文墨，昆仲晓书集，从上流传到你，辈辈儿都及第。您端的是姑舅也那叔伯也那两姨？偏怎生养下这个贼兄弟！

执意不在山寨停留，并且责备丈夫"你也待风高学放火，月黑做强贼"。而最终，陀满兴福也果然高中武状元。儒家思想在中国毕竟已传承千年，"君君，臣臣，父父，子子"的伦理纲常早已深入人心。即便是结义兄弟，落草为寇也毕竟是"打家贼"的买卖，报效国家，忠君为民才是正途。

《哭存孝》中李存孝"苦征恶战，眠霜卧雪，多有功勋"，却被奸党小人构害，三番两次要害他性命。而李存孝虽然也疑心养父李克用"信着谗言坏好人"，"今日个太平不用旧将军"，但对于李克用依然忠心耿耿，令出必行。李克用夫人刘氏疑惑他有异心，前来质问，李存孝含冤相告："想您孩儿多亏着阿妈、阿者抬举的成人，封妻荫子，偌大的官职，怎敢忘了阿者、阿妈的恩义！"并且与刘夫人一同去见父亲，要表明自己真心，最终却还是被小人设计陷害，惨遭横死。之后刘夫人痛哭"有仁有义忠孝子"，李克用更是后悔不迭，在祭文中称存孝"赤心报国安天下，万古清风把名标"，再度刻画出一位安邦定国，忠心无二的英雄形象。

作为儒家仁义思想的根本，"孝悌"二字在关汉卿的戏剧中随时可见。《窦娥冤》中窦娥虽然埋怨婆婆性情软弱，不该对张驴儿父子如此随顺，但对待婆婆却一直是孝顺有加。在公堂上，她身受重刑拷打，仍不肯屈认毒杀张老儿的罪名，但当太守桃杌要对婆婆动刑，她便连忙开口说"住住住，休打我婆婆，情愿我招了罢"。在上法场的路途中，也还是惦念着婆婆，恳求剑子手绕道而行，"前街里去心怀恨，后街里去死无冤"。而原因只是"俺婆婆若见我披枷带锁赴法场餐刀去呵，枉将他气杀也么哥"。《五侯宴》中的李从珂，知道自己的身世之后，"恰便似刀搅我心肠"。于是不顾眼前的"富贵荣昌"，执意去认贫困无依，挨打受欺的亲生母亲。剧末李嗣源念白道"则今日敲牛宰马，做一个喜庆的筵席，则为这李从珂孝义为先"，更是点明了剧中主旨。

《蝴蝶梦》中王家兄弟杀死葛彪，替父报仇，合应偿命。当包待制审理案件，追究"为首者"的时候，三兄弟争相招认是自己杀死了葛彪，要认罪受死。而王婆婆宁可让亲生儿子王三抵罪，却保护下两个螟蛉义子，更是令人动容。包待制巧计救出王三，又宣读诏书，称"国家重义夫节妇，更爱那孝子顺孙"，一门褒奖。母贤子孝，兄弟友爱，这种家庭中的和谐是儒家社会关系中最基础的一部分。《论语》中说："孝弟也者，其为仁之本与！"尽管儒家的地位在元朝已经有所下降，但儒家思想中这种最根本的道德准则却已经深入人心。

除了君臣之"忠义"和家庭之"孝义"，为人之"信义"也是关汉卿深为称许的品质。《裴度还带》一剧中，裴度原本是个清苦书生，尽管志向远大，却一直颠沛沉沦，穷无立锥之地，住宿在山神庙中。姨母问他"读书的穷酸饿醋有甚么好处"，他自称"身贫志不贫"，"胸次卷江淮，志已在青霄外"，效仿先圣前贤，攻读诗书，立身处世的志向终究不改。相士赵野鹤为他相面，说他明日必然死于乱砖之下。裴度全然不信，说相士是"世情看冷暖，人面逐高低"，大步离去。这种"富贵不能淫，贫贱不能移，威武不能屈"的气度，全然是儒者风范，也为后来裴度还带之

"信义"做了铺垫。

与此同时剧中另一条线索展开，洛阳太守女儿韩琼英因为父亲被诬陷下狱，筹措钱款为父赎罪，得到过往官人李邦彦所赠的一条玉带。返回途中，避雪山神庙，却不慎将玉带遗落。当夜裴度回到山神庙，正巧发现了玉带，大为吃惊："不由得我小胆儿心中怕，唬得我小鹿儿心头跳，那一个富豪失忘了？天阿！天阿！把我这穷魂灵儿险唬了。"但就是这样一个只能露宿山神庙，衣食无着的"穷魂灵儿"，在天降横财面前却没有丝毫动心，只是打定主意"小生虽贫，我可不贪这等钱物，明日有人来寻，山神，你便是证见，我两只手便还他，也是好勾当"。于是一夜不曾安睡，清早起来便在庙后等待失主来寻。琼英母女返回山神庙寻找玉带，他问明情况，当即奉还。韩夫人大为感动，赞叹道："世间似先生者，世之罕有，处于布衣窘暴之中，千金不改其志，端的仁人君子也。"裴度送韩家母女出门，正好日久失修的山神庙被大雪所压，轰然倾颓，因而逃过劫难。尽管这里以一种神异的方式渲染了道德的力量，但是裴度守志立身，路不拾遗的君子风范，显然是深得作者称赏的。

(3) 文士的失意与苍凉

随着科举制度的废除，很多儒生衣食无着，四海无立锥之地。漂泊江湖，出入市井，从而与倡优妓女，贩夫走卒有了更多的交结。这种状况所带来的结果是双重的。一方面，他们真正了解了民间的生活，民间的语言，因而能写出最贴近生活，令大众喜闻乐见的艺术作品。另一方面，这无疑意味着身为儒者，最根本的人生理想的失落。所以在关汉卿的剧作中，时常能看到穷苦书生，落魄文士。在剧中他们往往以加官晋爵，封妻荫子为归宿，却难以抹去现实里失意凄凉的气息。

关汉卿在杂剧中从来不吝赞美文士的才华，韩辅臣"幼习经史，颇看诗书，学成满腹文章"，被好友石好问称为"白衣卿相"，名妓杜蕊娘也恋他"七步才华远近闻"；钱大尹赞柳永"一代文章渊薮"，尽管恼火他眷恋谢天香，也承认他是"浑身多锦绣，满腹富文章"；《玉镜台》中的温峤，"气卷江湖，学贯珠玑"，"金马玉堂、锦心绣口"，表妹倩英刚刚嫁来时嫌他年老，压根不肯让他近身，在府尹的酒宴上，温峤提笔成诗，终于以才学打动倩英，最终心甘情愿随顺，夫妻和好，堪称是关汉卿杂剧中，文人以才华博取美满婚姻最特出的例子。

但是温峤出场时便说，天下的文人原有二种，"得志与不得志的，多有不齐"。温峤本人"正行功名运"，"正在富贵乡"，仕途顺利春风得意，但更多的儒士却是久滞后科场，功名无路的穷苦书生，"一年年守选场，早熬的萧萧白发满头霜"，最终还是"到底捱不彻雪案萤窗"。在封建社会中，儒生的出路即为科举，这既是他们寻求生活安定的手段，也是实现人生价值的途径。然而元代轻贱儒生，弱于文治，长年科举不行。在官僚铨选方面，文化水平落后的蒙古、色目人也比汉人享有更多的特权和优势。天下多的是寒窗苦读的士子，但他们当中的大多数只能沉沦下僚，或者混迹市井，即便有再高的才华和志向，也只能穷困度日。《拜月亭》中王瑞兰的父亲"提着个秀才便不喜"，生生拆散一对夫妻。《救风尘》中的妓女宋引章虽然与秀才安秀实有过婚约，却一直迟迟疑疑，最终要反悔，原因也不过是"我嫁了安秀才呵，一对儿好打莲花落"。《金线池》中鸨母坚决不准杜蕊娘嫁给韩辅臣，虽然是心肠狠毒，要女儿青春去赚取金银，但也出言威吓她

"你要嫁韩辅臣，这一千年不长进的，看你打莲花落也"。

《裴度还带》中的裴度"幼习儒业，颇看诗书"，怎奈一直"一贫如洗"，连房舍都没有，只好在山神庙中读书，难免慨叹自己时运不济，明珠沉埋：

[仙吕] [点绛唇] 我如今匣剑尘埋，壁琴土盖，三十载。忧愁的髭鬓斑白，尚兀自还不彻他这穷途债。

[混江龙] 几时得否极生泰？看别人青云独步立瑶阶，摆三千珠履，列十二金钗。我不能勾丹凤楼前春中选，伴着这蒹葭沙上野花开。则我这运不至，我也则索宁心儿耐。久淹在桑枢瓮牖，几时能勾画阁楼台？

（正末云）有那等人道："裴中立，你学成满腹文章，比及你受窘时，你投托几个相知，题上几句诗，也得些滋润也。"您那里知道也！ （唱）

[油葫芦] 我则待安乐窝中且避乖，争奈我便时未来！想着这红尘万丈困贤才，那个似那鲁大夫亲赠他这千斛麦？那个似那庞居士可便肯放做来生债？自无了田孟尝，有谁人养剑客？待着我折腰屈脊的将诗卖，怕不待要寻故友、访吾侪。

元代士人曾经在诗中慨叹："儒生心事良独苦，皓首穷经何所补。胸中经国皆远谋，献纳何由达明主。"[1]如果不能"青云独步"，没有谋生能力的文人只能自守贫贱，饱尝白眼。所以姨母恨

---

[1]朱思本《观猎诗》，《贞一斋诗文稿》。

恨地讽刺裴度："怀才，怀才，你且得顿饱饭吃者!"衣食尚且无
着，而且只能露宿在"如十花九裂寒冰窖，似十摧九塌草团瓢"
的山神庙内，这样的文人又如何能求得像温峤那样夫妻美满的幸
福呢？所以韩夫人说要把女儿琼英许配给裴度，裴度却回答：
"中立当以功名为重，必当先进功名，后妻室也。"

也正因如此，在关汉卿的剧作中，参加科举，金榜题名，入
朝为官，成了文人们安身立命，追求幸福的唯一途径。历史上的
柳永原本"厌薄宦情"（罗烨《醉翁谈录》），在落榜之后写《鹤
冲天》词，自称"才子词人，自是白衣卿相"。但在《钱大尹智宠
谢天香》剧中，他却高中状元，归来迎娶谢天香。杜蕊娘虽然爱
韩辅臣的才华，但也寄望于他"改家门，做的个五花诰夫人，驷
马高车锦绣裀"。即便在公案剧里，科举成名，官宦显达往往也是
大团圆结局不可或缺的因素。《鲁斋郎》中包待制收养张珪和李
四的儿女，教导他们读书学文，最后"应过举，得升迁"。《蝴蝶
梦》中王家三兄弟原本是务农出身，却弃农从儒，念念不忘"一
举首登龙虎榜，十年身到凤凰池"。最终得团聚，也要加上一纸
"大儿去随朝勾当，第二的冠带荣身，石和做中牟县令"的诏书，
似乎只有这样，人生才能够真正完美无缺。

而从这风光的后面，我们能想象到的，则是元朝文人真实的
血泪。他们寒窗苦读，皓首穷经，却难有出头之日。《窦娥冤》
中窦天章悲叹"幼习儒业，饱有文章；争奈时运不通，功名未
遂"，穷困潦倒，为了进京赶考，只好把自己八岁的女儿典卖给人
做童养媳。后来虽然为了剧情需要，他有了金马玉堂的名位，
"先斩后奏"的权柄，却再也没有爱女来承欢膝下。《陈母教子》
一剧，很多人怀疑并非关汉卿所作，原因之一就是剧中科举成名，

一门显贵的主旨,与关汉卿"不屑仕进"的人生态度未免不相符。然而清代王季烈在《孤本元明杂剧提要》中写道:"……曲文平平,关目亦未足动人。按金末科目甚宽,至元初骤停科举,及皇庆二年而始复,其间无状元者且八十年。汉卿生于斯时,殆以不得科名为憾,有所欣羡而为兹剧欤?否则此等文字,大可不作也。"从这"大可不作"的文字中,我们或许能够窥到关汉卿以及许多元代剧作家的心理——尽管他们纵情山水,诙谐玩世,但那种适意和或狂放之下深藏着的,依然是"学而优则仕"的价值观,是儒家积极用世的期待。而当这种理想遭到现实的摧折,剧中的金马玉堂,封妻荫子,就像是一座海市蜃楼,掩盖了背后的失落与苍凉。

正如胡侍《真珠船》卷四《元曲》中所说:"盖当时台省元臣,郡邑正官及雄要之职,尽其国人为之;中州人每每沉抑下僚,志不获展。如关汉卿入太医院尹,马致远江浙行省务官,宫大用钓台山长,郑德辉杭州路吏,张小山首领官,其他屈在簿书,老于布素者,尚多有之。于是以其有用之才,而一寓之乎声歌之末,以抒其怫郁感慨之怀,盖所谓不得其平而鸣焉者也。"

(4)情之所至

元代儒学地位下降,虽然为文人们带来了无尽的痛苦,但从另一方面而论,却也为思想带来了许久未有过的自由。程朱理学的巨网被撕破,平民意识不断抬升,来自民间的鲜活和勇气,美好的憧憬,真实炽烈的情感遂得以喷薄而出。而与下层平民接触最多的剧作家们,格外能感觉到这种风潮的震荡。胡紫芝对名伶珠帘秀极为欣赏,宁可被人非议也亲自为她的诗集写序。夏庭芝《青楼集》中曾记歌伎王巧儿事:

歌舞颜色，称于京师，陈云峤与之狎，王欲嫁之。
其母密遣其流辈开喻曰："陈公之妻，乃铁太师女，妒
悍不可言，尔若归其家，必遭凌辱矣。"王曰："巧儿一
贱倡，蒙陈公厚眷，得侍巾栉，虽死无憾。"母知其志不
可夺，潜挈家僻所，陈不知也。旬日后，王密遣人谓陈
曰："母氏设计，置我某所。有富商约某日来，君当图
之，不然恐无及矣！"至期，商果至，王辞以疾，悲啼宛
转。饮至夜分，商欲就寝，王掐其肌肤皆损，遂不及乱。
既五鼓，陈宿构忽剌罕赤阅，缚商欲赴刑部处置。商大
惧，告陈公曰："某初不知，幸寝其事，愿献钱二百缗，
以助财礼之费。"陈笑曰："不须也。"遂厚遣其母，携
王归江南。

　　这样一种对爱情的勇敢追求，不计后果的相随和不惜一切的
捍卫，在元杂剧中焕发出了动人的光彩。在关汉卿笔下，我们时
常会看到"情"之所至时，是何等的深挚和热烈。《调风月》中，
燕燕对小千户的情感和怨怒，对莺莺小姐的妒意，都来得疾风烈
火一样毫不掩饰。这出剧宾白不全，曲词完全是燕燕的心理过程，
而满腔情感就在文辞间充溢勃发。负心的小千户要找她欢好，她
"呼的关上栊门，铺的吹灭残灯"，闭门不纳；夫人要她去莺莺家
为小千户提亲，她直截了当地回答"燕燕不会，去不得"。在小千
户的婚礼上她终于气填胸臆，忍无可忍，哭诉道"燕燕不是石头
镌、铁头做"，最终夺回了属于自己的姻缘。
　　这种勇气也同样体现在剧中的官家小姐身上。《拜月亭》中

的王瑞兰在兵荒马乱中与书生蒋世隆一路结伴同行，同甘共苦，感情匪浅。但和父亲王镇相认之后，却被强行带走，夫妻从此离别。瑞兰从一天喜悦变成一腔悲愤，控诉父亲"无些情肠，紧揪住不把我衣裳放"，并且表明自己的志向坚贞不移，"休想我为翠屏红烛流苏帐，撇了你这黄卷青灯映雪窗"！在拜月时与小姑瑞莲相认，她回忆往事，又一次埋怨狠心的父亲：

[二煞] 则就那里先肝肠眉黛千千结，烟水云山万万叠。他便似烈焰飘风，劣心卒性，怎禁那后拥前推，乱棒胡柳！阿！谁无个老父？谁无个尊君？谁无个亲耶？从头儿看来，都不似俺那狠爹爹！

私自与蒋世隆结合，瑞兰便已经违背了"父母之命，媒妁之言"。而她对父亲的大胆指责，更是没把"未嫁从父，既嫁从夫，夫死从子"的儒家古训放在眼里。父亲要她嫁给今科的武状元，瑞兰一针见血地指出了父亲的真实想法："他则图今生贵，岂问咱夙世缘？违着孩儿心，只要遂他家愿。则怕他夫妻百年，招了这文武两员，他家里要将相双权。不顾自家嫌，则要旁人羡。"王镇心中根本没有考虑过女儿的幸福，只是将自己的家门声望放在首位；而王瑞兰的真心所系，则是当年患难与共，相濡以沫的情感。

白居易曾经在诗中写道："为君一日恩，误妾百年身。寄言痴小人家女，慎勿将身轻许人。"[1]因为在封建社会中，情感的主

①白居易《井底引银瓶》。

动权始终掌握在男子手中，女性即便有追求爱情的决心和勇气，也难以预期最终的结果。唐代元稹《莺莺传》中，张生对莺莺始乱终弃，还以"善改过"为自得。宋代话本《碾玉观音》和《闹樊楼多情周胜仙》中，尽管璩秀秀和周胜仙有着主动追求爱情的勇气，崔宁和范二郎却要犹豫软弱得多，并不能给予相应的回复，最后都以悲剧而告终。而在关汉卿笔下，非常难能可贵的是，这样一种勇气并不仅限于女子。剧中的男性角色，同样表现出了罔顾礼法的一片深情。

《杜蕊娘智赏金线池》中，韩辅臣与上厅行首杜蕊娘倾心相爱。尽管虔婆嫌他是个穷书生，但韩辅臣觉得，只要蕊娘对自己是一片真心，"便受尽这虔婆的气，何忍负之"，并在蕊娘面前发誓"生则同衾，死则同穴"。因为虔婆挑拨，两个人有了误会，老友石好问归来之后，韩辅臣要他责打蕊娘母女出气。石府尹便问"但那杜蕊娘肯嫁你时，你还要他么"，韩辅臣脱口而出："怎么不要？"一往情深，溢于言表。他央求石好问为自己和蕊娘说合，身上丝毫不见士子的清高，颇有些"放赖"的手段，"你再四的不肯断理，我只是死在你府堂上，教你做官不成"。石府尹好气又好笑，只得道："那个爱女娘的似你这般放刁来？罢，罢，罢！我完成了你两口儿！"

《钱大尹智宠谢天香》一剧中，柳永眷恋名妓谢天香，出场便说"本图平步上青云，直为红颜滞此身"，上京应举之前，接连三次返回身去找故交钱大尹，要他"好觑谢氏"。到第四次，钱大尹终于火冒三丈，骂出一番大道理来：

　　耆卿，是何相待？"君子不重则不威，学则不固。"

你何轻薄至此！这里是官府黄堂，又不是秦楼楚馆，则管里"谢氏"、"谢氏"！我是开封府尹，又不是教坊司乐探！平昔老夫待足下非轻，可是为何？为子有才也。古人道："德胜才为君子，才胜德为小人。"今观足下所为，可正是才有余而德不足。《礼记》云：君子"好声乱色，不留聪明"。《老子》曰："五色令人目盲，五音令人耳聋"。大丈夫当"先天下之忧而忧，后天下之乐而乐"。便好道"富贵不能淫，贫贱不能移，威武不能屈，此之谓大丈夫"也！今子告别，我则道有甚么嘉言善行，略无一语；止为一匪妓，往复数次，虽鄙夫有所耻，况衣冠之士，岂不愧颜？耆卿，比及你在花街里留意，且去你那功名上用心，可不道"三十而立"！当今王元之七岁能文，今官居三品，见为翰林学士之职；汝辈不自耻乎，耆卿！（诗云）则你那浑身多锦绣，满腹富文章。不学王内翰，只说谢天香。

这样一番掷地有声的君子言论，柳永却并不惭愧也不畏惧，反而转头安慰谢天香，并且颇有些怨恨地说，"钱可道，你长保着做大尹，休和咱轴头儿厮抹着"。显然，对于谢天香这样一位"匪妓"，柳永丝毫不觉得自己的爱恋会让"衣冠之士"感到"愧颜"，而"功名"也早已被放到了次要的位置。

待柳永考中状元归来，闻听钱大尹已纳谢天香入府，气愤无比。钱大尹强邀他入府赴宴，柳永推脱不饮，以一种反讽的口气说："小官今非昔比，官守所拘，功名在念，岂敢饮酒。"而钱大尹毕竟是深知柳永的为人，取笑道，"若是这般呵，功名成就多时了"! 于是请谢天香出来把盏。此时柳永以为天香已经是钱大尹的小妾，却仍然按捺不住内心的情感。接下来一番三人之间的对话宛如剧场，心理情状如在目前：

　　（柳云）天香，近前来些。
　　（正旦唱）这里可便不比我做上厅行首。
　　（钱大尹云）天香把盏，教状元满饮此杯。 （递酒科）
　　（柳云）我吃不的了也。
　　（正旦唱）〔幺篇〕他那里则是举手，我这里忍着泪眸；不敢道是厮问厮当、厮来厮去、厮捆厮揪，我如今在这里不自由。
　　（柳云）大姐，你怎生清减了？
　　（正旦唱）你觑我皮里抽肉，你休问我可怎生骨岩岩脸儿黄瘦！
　　（钱大尹云）耆卿，你怎生不吃酒？
　　（柳云）我吃不的了也！

　　柳永的第二次回答"我吃不的了也"！凄恻眷恋之意，显而易见。尽管已经高中状元，但当年之约依然念念不忘，名教礼法均可以抛掷脑后。最后真相大白，钱大尹是为了替谢天香脱去乐籍，才假意娶入府中，三年来秋毫无犯。一切解释清楚，柳、谢终以大团圆为结局。在《金线池》和《谢天香》中，科举功名实际上都已退居次席，历经误会、坎坷、分离依然不变的情感则成为剧作的主线。从柳永、韩辅臣的挚情中，我们也许已经能看到日后汤显祖《牡丹亭》"痴情慕色","一往情深"的先声。

3. 巧妙的情节结构安排

　　元杂剧的体制通常是一本四折，每折用同一宫调的一套乐曲，通常一本只有一人主唱，体制短小而谨严。这样的体制对于内容情节的限制是很大的，所以元杂剧大多故事精炼，戏剧矛盾集中，"一人一事"[①]，一线到底。清代曲论家李渔曾在《闲情偶寄》中说："古人作文一篇，定有一篇之主脑。主脑非他，即作者立言之本意也，传奇亦然。"作为一位元初的剧作家，关汉卿对于元杂剧体制的确立是有开创之功的。虽然其中几部作品略显枝蔓芜杂，但总体来说，他的剧作都是一条主线贯穿，围绕主要矛盾展开叙述。如《救风尘》始终围绕赵盼儿如何援救宋引章，从一开始宋引章不听劝告，后悔莫及，到赵盼儿设下圈套，成功解救；《望江亭》始终围绕着谭记儿与杨衙内的智斗，起初是杨衙内垂涎美色设计陷害，而后谭记儿假扮渔妇，巧妙周旋，终于大获全胜。情节简洁明了，脉络流畅清晰，适合舞台表演的要求。

　　但是戏剧必须要让观众被情节所吸引，让他们的情绪随着剧中人的悲欢离合，喜怒哀乐而起伏。所以尽管是一线贯通，但不能不起波澜。要有开端，发展，高潮和结局，要用种种技巧来让简单的线索变得扣人心弦，摇曳生姿。关汉卿无疑是戏剧舞台上的大师，在有限的空间里，他使用各种各样的手段，让故事情节变得分外引人入胜。

　　(1) 悬念、伏笔与巧合

---

　　①李渔《闲情偶寄·词曲部·结构第一》"立主脑"。

关汉卿很善于在剧中设置悬念，把观众的心先提起来。譬如《救风尘》中，周舍追上逃走的赵盼儿和宋引章，假意骗宋引章取出休书展看，然后一把夺过来，咬得粉碎。赵盼儿还故意装作抢救不及，令观众和宋引章一起惊惶无比，担心她们才出虎口又入魔掌。而赵盼儿又偏偏说了一句"引章妹子，你跟将他去"，直到宋引章说"跟了他去就是死"，赵盼儿才道出实情，原来她早已预防着周舍这一手，已经将休书调换。周舍撕碎的只是一份假货，而真的休书"便有九头牛也拽不出去"。看到这里，观众终于可以放下心来，开怀一笑。

　　而在一部剧作中，悬念往往不止一处。有时候解决得很快，有时却是关涉深远。环环相扣，分外引人入胜。《谢天香》中柳永赴京之前与谢天香话别，作《定风波》一词相送。而钱大尹转头就找来谢天香当筵唱此曲，因为曲中有他的名讳，倘若触犯，便是个责打的罪名，而后"使着卿再不好往他家去"。谢天香唱到"自春来惨绿愁红，芳心事事"，正是令人担心之际，钱大尹身边的张千咳嗽一声，聪慧机敏的谢天香立刻醒悟过来，将"可可"改换为"已已"，并且换韵唱完全词。

　　谢天香的机智和才华令钱大尹大为欣赏，恰恰就是这一情节引发了又一个悬念：酒宴之后，钱大尹便将谢天香接入府中做小夫人。作为一位正直严肃的官员，还是柳永的好友，观众自然会诧异他为何会有这样的举动。而钱大尹只是说"留待柳耆卿，他自解关节"，卖了个关子，让人继续等接下来的剧情发展。这一悬念从第二折开始，就这么一直"悬"了下去。谢天香进钱宅三年，钱大尹一直对她待之以礼而又从未亲近。谢天香不知道真正用意，难免"转转猜疑"；而应考归来的柳永听到消息后气愤填膺，心说

"我看你怎么相见"。直到剧末，才真相大白。在这里，"悬念"已经成为推动整个戏剧情节向前发展的重要关口，来引发观众对剧情的猜测，对谜底的探究。

李渔《闲情偶寄》中说："每编一折，必须前顾数折，后顾数折。顾前者，欲其照映，顾后者，便于埋伏。照映埋伏，不止照映一人、埋伏一事，凡是此剧中有名之人、关涉之事，与前此后此所说之话，节节俱要想到，宁使想到而不用，勿使有用而忽之。"关汉卿剧中的伏笔，有时就如同草灰蛇线，埋设千里。很多地方看似不经意，但日后却大有作为。《蝴蝶梦》中的主线原本是王家三兄弟打死葛彪案，但包待制早起升衙，审理的第一桩案子却是偷马贼赵顽驴。勘问结束，下令"下在死囚牢里去"，至此观众也许会认为，这只是剧中一处无关紧要的闲笔。但在后文里，正是用这个犯了死罪的赵顽驴替下了王三的性命。虽然只是寥寥几句，却关系到整个情节的发展和完成。而在《裴度还带》中，裴度的姨丈王员外很敬服外甥的志向，但又不希望他"堕落了功名"，于是去找白马寺长老，附耳密语。作为观者，我们自然不知道员外对长老说了些什么。第四折裴度状元及第，王员外前来庆贺，而裴度怨恨当年的冷眼，高傲以对，白马寺长老这才说明真相：

　　我那斋食管待相供应，王员外他暗寄两锭雪花银。你要上朝赴选求官去，囊箧消乏怎动身？这野鹤骏马亲相送，两锭银可是你这尊亲转赠君。

　　第一折中埋下的伏线，中间又巧妙地提及一笔，直到最后一折才云开月明。虽然只是一处小细节，但前后照应得滴水不漏，足见关汉卿的巧智妙心。

因为篇幅短小，难以铺陈，戏剧中尤其不能缺乏偶然性的存在。当观众觉得山穷水尽之时，剧中总会出现一些"巧合"，有时会激化矛盾，有时会带来柳暗花明，推动情节进一步发展。《调风月》中，燕燕原本是个普通的婢女，足不出户，不可能知道小千户和莺莺小姐的私情。但小千户回到家中，换衣服的时候却不小心将莺莺私赠的手帕掉在了地上。而燕燕"见那厮手慌脚乱紧收拾，被我先藏在香罗袖儿里"，一番追问，终于问出真相，这才有了下文的又恨又妒，怒气填膺。《窦娥冤》中，原本是窦婆婆想要喝羊肚儿汤，窦娥做好之后，但窦婆婆却忽然觉得想要呕吐，"不要这汤吃了"，于是推让给张老儿。一个很偶然的事件，窦娥在旁边还只觉得婆婆与张老儿推推让让，太过不堪，心中暗自恼火。谁料张驴儿想要害人霸产，早已偷偷往汤里投了毒药。于是，这样一个偶然的事件就变成了下文对簿公堂，酿成冤案的导火索。

偶然性事件时常也会成为戏剧情节叙述中的关捩之所在。《拜月亭》中，王瑞兰母女失散，蒋世隆兄妹失散，而瑞兰与世隆结伴同行，蒋世隆的妹妹瑞莲恰好被瑞兰的母亲收养。这已经是一次"巧遇"。而后蒋世隆病卧在床，瑞兰上街抓药，却遇见了父亲王镇，剧中第二次"巧遇"。王镇强行把瑞莲带回家中，思念丈夫的瑞兰对月祷告，叙述往事，却发现妹妹竟然是小姑，第三次"巧遇"。而最终，王镇为亲女招武状元，义女招文状元为婿，却发现文武状元正是蒋世隆和他的义弟陀满兴福。于是夫妻、兄妹相认，以第四次"巧遇"完成了全剧。从头至尾，其实都是"偶然"二字贯穿，但这也正是戏剧舞台的需要，能够让简单的人物和事件在一个小小的空间内波澜迭起。

(2) 打破常规的结构

元代曲家乔吉曾经就戏剧结构发表过一段议论："作乐府亦有法，曰凤头、猪肚、豹尾六字是也。大概起要美丽，中要浩荡，结要响亮，尤贵在首尾贯穿，意思清新，苟能若是，斯可以言乐府矣。"①

元杂剧一本四折，通常正对应开端，发展，高潮和结局。一条主线，一事贯通。《窦娥冤》虽然前后跨度十几年，但在结构上丝毫不显得松散。第一折窦天章把女儿典给蔡婆婆；第二折窦娥出嫁守寡，张驴儿父子强行住进蔡家逼婚，想毒害蔡婆的张驴儿阴差阳错毒死了父亲，窦娥为救婆母屈打成招；第三折窦娥在法场被斩首，发下三桩誓愿，血溅白练雪掩尸骸，进入全剧的高潮；第四折楚州三年大旱，廉访使窦天章遇见窦娥的鬼魂诉冤，冤情终于昭雪。事件一以贯之，情节环环相扣。

不过在关汉卿的剧作中，并不总是这种遵循常规顺序的叙述。很多时候会把结构调整，以便更突出主题，为中心情节和中心人物铺张造势。主人公尚未出场，气势便已先声夺人。尤其以《单刀会》为代表，剧中的主人公是关羽，但在剧本前两折中，他压根就没有露面。第一折鲁肃设下三条计策要邀关羽过江赴宴，讨回荆州，去找乔公询问计策是否可行。乔公是东吴老臣，深孚众望，却给出了鲁肃绝对不想听到的回答：

[金盏儿] 他上阵处赤力力三绺美髯飘，雄赳赳一丈

---

① 陶宗仪《辍耕录》卷八"作今乐府法"。

虎躯摇，恰便似六丁神簇捧定一个活神道。那敌军若是
见了，唬得他七魄散，五魂消。（云）你若和他厮杀呵。
（唱）你则索多披上几副甲，剩穿上几层袍。便有百万
军，当不住他不刺刺千里追风骑；你便有千员将，闪不
过明明偃月三停刀。

　　第二折中，鲁肃又去找关羽的故交水鉴先生司马徽，想请他陪同
赴宴。司马徽大赞关羽的威风神勇，坚辞不去。整整两折浓墨重彩的
铺垫，全都以他人之口道出，关羽的形象已经深入观众心中。所以当
第三折黄文过江下书时，已经无需再渲染其神勇和战绩，而是着力显
示关羽的无惧和从容，一代名将之风跃然面前。到第四折，才真正写
到"单刀赴会"，在结尾处骤然将全剧拉到高潮。

　　这种"由他人之口道出"的方式，非常适用于戏剧舞台。
《单鞭夺槊》中，李世民被困榆科园，尉迟恭大战单雄信，却并没
有描绘兵戈相向的战场。只在第三折最后简短几个照面，两人便
下了舞台。第四折则通过探子之口，来向徐茂公报告这场恶战的
最终结果。两人交战的科范毕竟不容易在舞台上表现，通过这种
方式，不仅将战场呈现在了观众面前，还能用鲜活生动的语言再
现出尉迟恭"撞倒麒麟和獬豸，冲开猛虎与奔熊"的盖世神勇。
《哭存孝》中也采用了近似的方式，李存孝被车裂而死原本是最为
惨痛的一段剧情，但又无法在舞台上真实搬演。所以在第三折，
探子莽古歹向李克用夫人刘氏回报消息，李存孝之死便由两个人
的对话逐渐叙述出来。刘夫人如在当场，而又救援无及，肝肠寸
断。这才有第四折灵前斩奸贼，邓夫人回忆起当年"忘生舍死立
唐朝"，"横枪纵马过溪桥"的英雄气概，恸哭祭存孝，悲剧气氛

达到了高潮。

(3)"惊人视听"的幻笔

中国的叙事文学有两个源头，一源于史传，二源于神话、传说和寓言，前者偏于实录而后者偏于虚幻。相对于史传文学而言，后者长期被视为"小道"①，并没有得到太大的重视。然而随着叙事文学的逐渐发展，尤其是宋代之后，虚构在叙事艺术中的重要性日渐被肯定。罗烨在《醉翁谈录》中说"小说者，但随意据事演说"，谢肇淛《五杂俎》中说："凡为小说及杂剧戏文，须是虚实相半，方为游戏三昧之笔。亦要情景造极而止，不必问其有无也。"无论是惩恶劝善还是抒情写愤，将艺术真实比附于生活真实都不可能满足戏剧表达的需要。神异传说，还魂入梦，往往成为元杂剧中营造气氛，推动情节发展的重要手段。

在关汉卿笔下，我们总会看到这样一个实与虚，真与幻相结合的世界。《西蜀梦》中关羽和张飞为奸人所害，魂魄前往蜀中，向刘备诉说冤屈。尽管生前英雄盖世，但关汉卿并没有给予他们"鬼雄"的形象，一代名将身死之后也不过是孤魂野鬼，飘零无依。剧中的第三折和第四折着力突出"阴鬼"与"人间世"的对比，渲染出一片凄恻悲苦的气氛：

　　〔倘秀才〕往常真户尉见咱当胸叉手，今日见纸判官趋前退后，元来这做鬼的比阳人不自由！立在丹墀内，不由我泪交流，不见一班儿故友。

①班固在《汉书·艺文志》中说："小说家流，盖出稗官，街谈巷语，道听途说之所造也。孔子曰：'虽小道，必有可观者焉，致远恐泥，是以君子弗为也。'然亦弗灭也。闾巷小知者之所及，亦使缀而不忘，如或一言可采，此亦刍荛狂夫之议也。"

[滚绣球] 那其间正暮秋，九月九，正是帝王的天寿。列丹墀宰相王侯，攮的我奉玉瓯进御酒，一齐山寿，官里回言道臣宰千秋。往常摆满宫彩女在阶基下，今日驾一片愁云在殿角头，痛泪交流。

处处将"往常"与"今日"相对照，曾经是"急飐飐云间凤"，"威凛凛山中兽"，如今却变成"昏惨惨风内灯，虚飘飘水上沤"，随即一句"元来咱死了也么哥，咱死了也么哥"，痛楚悲切，令人泪下。剧中所写虽然是鬼魂之事，言辞之间却完全是寻常人的心理。对奸人宵小的切齿痛恨，兄弟手足阴阳两隔的惨伤，到剧末则迸发出"腔子内血向成都闹市里流，强如与俺一千小盏黄封头祭酒"的悲怆愤懑。而《窦娥冤》第四折中，窦娥的鬼魂向父亲窦天章诉冤，甫一出场，便在舞台上带出一片愁云惨雾：

[双调] [新水令] 我每日哭啼啼守住望乡台，急煎煎把仇人等待，慢腾腾昏地里走，足律律旋风中来，则被这雾锁云埋，撺掇的鬼魂快。

[沉醉东风] 我是那提刑的女孩，须不比现世的妖怪。怎不容我到灯影前，却拦截在门程外？（做叫科，云）我那爷爷呵！（唱）枉自有势剑金牌，把俺这屈死三年的腐骨骸，怎脱离无边苦海？

关羽、张飞的鬼魂在刘备面前只能"向灯影内恓惶顿首"，而窦娥的鬼魂同样被"拦截在门程外"。正所谓"折挫英雄，消磨良善"①，他们没有什么超凡的能力或者令人恐惧的手段，无论在阴间还是人世，个体的抗争都是如此无力。鬼魂所彰显出的，是阴阳两隔的刻骨悲恸，英雄和小民同样的无奈，以及人们心中最真实的情感。桃园三结义的手足之情，窦天章对女儿无法弥补的负疚，在这样的幻景中表现得淋漓尽致。凌濛初在《谭曲杂札》中说："戏曲搭架，亦是要事，不妥则全传可憎矣。旧戏无扭捏巧造之弊，稍有牵强，略附神鬼作用而已，故都大雅可观。今世愈造愈幻，假托寓言，明明看破无论，即真实一事，翻弄作乌有子虚。总之，人情所不近，人理所必无，世法既自不通，鬼谋亦所不料。"后世曲家舍本逐末，趋异求奇，往往沦为"只求热闹，不论根由"②的怪幻过场。而关汉卿笔下变幻，却始终扣紧"情真"二字，遂能动情而感人。

鬼魂、梦兆、神异、果报虽然都是无根之事，但却体现着民间的道德准则和普通百姓的愿望。《左传》中有知恩图报，"结草衔环"的故事；《史记》中记载殷王武丁梦见圣人，于是找到贤臣傅说；《搜神记》中韩凭夫妇被权贵拆散，死后也不得合葬，但坟冢生树交互缠抱，终得团圆。在一个黑暗的时代里，人们等不到正义公理，盼不来圆满的结局，只能寄希望于天道神灵。所以唐代李公佐说自己笔下的传奇"暗于冥会，符于人心"③。杨维桢则说："其于声文，缀于君臣夫妇仙释氏之典故，以惊人视听，使痴儿女知有古今美恶成败之观惩，则出于关、庚氏传奇之变。"④

---

①元无名氏［中吕·朝天子］《志感》。
②祁彪佳《远山堂剧品·乔断鬼》。
③李公佐《谢小娥传》。
④杨维桢《沈氏今乐府序》。

在关汉卿的三部公案剧中，梦兆都起着重要的作用。《蝴蝶梦》中包待制审理葛彪案之前，梦见三只蝴蝶投入蛛网，有大蝴蝶救起两只，仅剩一只未救。于是心中暗道"恻隐之心，人皆有之"，"你不救，等我救"。为下文王婆婆舍亲子救义子，包待制用盗马贼替下王三，成就一家团圆埋下了伏笔。《绯衣梦》中李庆安在狱神庙中梦呓"非衣两把火，杀人贼是我"，使钱大尹悟出"裴炎"之名，由此找到真正的凶手。《窦娥冤》中窦天章夜读案卷，窦娥魂灵入梦，父女相见痛哭，遂引出下文窦娥鬼魂现身，沉冤终得昭雪。元代官场黑暗，法制混乱，而且完全没有监察机制予以约束。包待制，钱大尹，窦天章都是清官，但他们所代表的朝廷制度，典章法律却不能带来公正的裁决和有力的保障。而百姓心中始终希望邪不胜正，强权不能胜公理；关汉卿只能依靠梦兆，魂灵这样的"幻笔"，在舞台上创造出皆大欢喜的结局。

在这样的时代里，法度纲常早已不再遵循常轨，"阴，也是错；阳，也是错"[①]。鲁斋郎强抢民女，无恶不作，却不受法律制裁；葛彪打死平民百姓丝毫不以为意；王家兄弟替父报仇，却要以命抵命。关汉卿在剧中写天变与人事相因，善恶有报，一方面符合民间信仰，完成人们的美好愿望；同时也是要"惊人视听"，让人"知有古今美恶成败之观惩"，对抗社会的黑暗与不公，唤起在整个元代一直失落的儒家伦理道德。《绯衣梦》中李庆安被判死罪，性命难保，但他天性良善，执意要父亲救起蛛网中的苍蝇。之后钱大尹原本要在案卷上判斩字，却几次三番有苍蝇抱定笔尖，于是心下了悟"这小的必然冤枉"。《裴度还带》更是以因果报应

---

①陈草庵 [中吕·山坡羊]

之说来结撰全篇关目，善于风鉴的相士赵野鹤在白马寺中初遇裴度，便断定他必于次日死于非命：

> 秀才，你恕罪，我这阴阳有准，我断人祸福无差。可惜也！你看你冻饿纹入口，横死纹鬓角连眼。鱼尾相牵入太阴。游魂无宅死将临，下侵口角如烟雾，即目形躯入土深。可怜也！你明日不过午，你一命掩泉土。明日巳时前后，你在那乱砖之下板僵身死。可怜也！

裴度自然大怒，不肯相信，但赵野鹤却坚称"我敢断人生死无差，生则便生，死则便死，相法中无有不准"。此时，白马寺长老一句"虽然相法中如此断，也看人心上所积"，无疑为裴度此后的命运作出了隐约的预示。他贫困潦倒但志气不移，将拾到的玉带妥善保管，物归原主。送失主韩琼英母女出庙门时，年久失修、雪后不堪重压的山神庙轰然倒塌。韩夫人慨叹道"皆是先生阴德大重，救我一家之命，因此遇大难不死"，赵野鹤再次见到裴度，也惊叹他"气色比昨日不同"。得知裴度的所作所为，便说出这样一番话：

> 如何？我这相法不差。你今日全然换的气色别了，为何如此说？这的是莫瞒天地莫瞒神，心不瞒人祸不侵。十二时中行好事，灾星变作福星临。

善有善报，恶有恶果，裴度最终金榜题名，姻缘美满，心愿达成。一如窦娥临刑前的呐喊，"为善的受贫穷更命短，造恶的

享富贵又寿延"才是元代社会的真实状况。关汉卿遂将天道作为
"善"的庇保者,安抚苦难的心灵,给予他们生活的勇气和反抗强
权的精神支撑。凌廷堪《论曲绝句》中说:"元人关目,往往有
极无理可笑者,盖其体例如此。近之作者乃以无隙可指为贵,于
是弥缝愈工,去之愈远。"看似幻笔无稽,蕴含的却是真实的情
感,民间的血性和活力,质朴而深入人心的道德力量。在台上有
"惊人视听"的功效,而台下的影响则是更为深远的。

4. 独具特色的语言艺术

作为最接近民间的文艺样式,元杂剧最主要的受众是市民阶
层,市井百姓。这些人文化程度不高,欣赏能力有限,剧中的曲
词宾白务必要让观众都能看懂,不可能过于文雅。李渔在《闲情
偶寄》中曾经盛赞元代的戏剧语言:

> 曲文之词采,与诗文之词采非但不同,且要判然相
> 反。何也?诗文之词采,贵典雅而贱粗俗,宜蕴藉而忌
> 分明。词曲不然,话则本之街谈巷议,事则取其直说明
> 言。凡读传奇而有令人费解,或初阅不见其佳,深思而
> 后得其意之所在者,便非绝妙好词,不问而知为今曲,
> 非元曲也。元人非不读书,而所制之曲,绝无一毫书本
> 气,以其有书而不用,非当用而无书也,后人之曲则满
> 纸皆书矣。元人非不深心,而所填之词,皆觉过于浅近,
> 以其深而出之以浅,非借浅以文其不深也,后人之词则
> 心口皆深矣。

明白通俗，深入而浅出，这是元杂剧戏剧语言最突出的特征。但作为表演艺术，剧中的曲词和宾白在浅显的同时也要符合人物形象，烘托舞台气氛，引人入胜。作为元杂剧开创者之一的关汉卿，被王国维誉为"一空倚傍，自铸伟词"，"曲尽人情，字字本色"[1]，无论从创作还是表演实践而论，其戏剧语言都是独具特色的。

(1) 浅易直白，贴近生活的表达方式

　　明代王骥德在《曲律》中说："作剧戏，亦须令老妪解得，方入众耳，此即本色之说也。"徐渭在《南词叙录》中也说"与其文而晦，曷若俗而鄙之易晓也"。元杂剧兴起于勾栏瓦肆之间，为了适应舞台表演的需要，语言务必通俗浅显。曲词对白中往往都使用生动鲜活的民间口语，在嬉笑怒骂间展现出平民社会的本来面目。

　　在关汉卿的风情剧中，这种口语化的倾向尤其明显。《调风月》中燕燕被夫人派去侍奉小千户，她感慨自身的困窘处境，并且指出了世间男女在婚恋上的不平等：

　　　　[混江龙] 男儿人若不依本分，一个抢白是非两家分。壮鼻凹硬如石铁，教满耳根都做了烧云。普天下汉子尽教都先有意，牢把定自己休不成人。虽然两家无意，便待一面成亲，不分晓便似包着一肚皮干牛粪。知人无意，及早抽身。

---

①王国维《宋元戏曲史》。

全用口语，言辞辛辣犀利，一针见血。但见到小千户之后，却难以把持，不由自主地被他的漂亮容貌和软语温存所吸引。称赞他的家世"哥哥的家门，不是一跳身"，相貌"便似一团儿搭成官定粉"，一片爱慕和深情溢于言表。当她知道小千户另有所爱，一时间"痛连心"，"气夯破肚"，见到飞蛾扑向灯火，便想到自己付诸东流的一腔真情，"我为那包髻白身，你为这灯火青荧"，"蛾儿，俺两个大刚来不省呵"！心中爱与恨的情感，都通过形象生动的比喻展现出来，如在目前。《救风尘》中赵盼儿准备营救宋引章，设好圈套引周舍上钩，她形容这好比是"鼻凹上抹上一块砂糖，着那厮舔又舔不着，吃又吃不着"。周舍要她赌咒发誓，赵盼儿立刻说，假若自己不嫁，"着堂子里马踏杀，灯草打折臁儿骨"。"堂子"本是浴室，不可能有马匹出现；灯草轻飘之物，更不可能打折腿骨。自相矛盾，又极富生活气息，进一步加强了全剧诙谐幽默的喜剧气氛。

关汉卿自称"普天下郎君领袖，盖世界浪子班头"，与下层社会往来密切，对无依无靠的婢女，风尘中挣扎的青楼女子充满了深切的同情。他用明快生动的言语表现出燕燕的勇敢热情和赵盼儿的聪明巧慧，对于那些市井间的恶人，也把他们日常生活中的口吻声貌原原本本地搬上了舞台。《金线池》中杜蕊娘形容虔婆："炕头上主烧埋的显道神，没事啀，糁麻头斜皮脸老魔君。拿着一串数珠，是吓子弟降魔印；轮着一条柱杖，是打鸂鶒无情棍。"一串生动的比喻，将虔婆的凶狠面貌活生生呈现在面前。之后母女二人的对话又恰恰证明了杜蕊娘所言无虚，她苦苦哀求母亲"嫁了您孩儿罢"，虔婆却冰冷地回答"镊了鬓边的白发，还着你觅钱哩"。被杜蕊娘一再恳请，便断喝道"小贱人，你要嫁那个来"！

完全是市井勾栏真实的写照，残酷恶毒，丝毫不见母女亲情。

中国古典文学向来以雍容婉曲，含蓄蕴藉为美，但元杂剧却直露而坦率，对话中直截了当，不掩锋芒。反面人物的丑恶嘴脸展现得淋漓尽致，追求爱情的勇气，勇于反抗的精神则更加炽烈鲜明。风尘中的赵盼儿，杜蕊娘说话胆大放肆；出身于书香之家或者官宦门第的女性也同样如此。窦娥见婆婆对张驴儿父子态度暧昧，极为尖刻地说"怪不的女大不中留"，讽刺婆婆"招着个村老子，领着个半死囚"，丝毫不留情面。倩英小姐知道被表兄温峤骗婚，在洞房花烛夜放出狠话"若是他来时节，我抓了他那老脸皮，看他好做得人"。谭记儿怀疑白士中另有新欢，"把似你守着一家一计，谁着你收拾下两妇三妻，你常好是七八下里不伶俐"，一通数落，步步紧逼。她们的语言风格都是明快犀利的，如同平民女性一样直爽率真，敢爱敢恨。如明代曲论家孟称舜所赞："俗语韵语，彻头彻尾，说得快性尽情，此汉卿不可及处。"①

而在英雄传奇主题的剧作中，这种明白直截的表达方式也格外能表现出人物的英雄气概。《单刀会》中，乔公毫不掩饰对敌方将领的钦服，赞叹关羽的神勇能在百万大军中"将那首级轻枭"。之后的宴会上，关羽，鲁肃二人也没什么外交场合的婉言客套。鲁肃指责蜀汉失信，开口索要荆州；关羽则明白表示"俺哥哥合情受汉家基业"，并一眼看出鲁肃的阴谋，"若有埋伏，一剑挥之两段"！《哭存孝》中，李存孝夸耀自己的功绩"想当日在压关楼前，觑三层排栅，七层围子，千员猛将，八卦阵图，那其间如踏平地也"，随即怒斥康君立和李存信，"你两个有甚么功劳，

---

①孟称舜《古今名剧合选》评点。

倒去潞州镇守去也"！这种坦率的语言风格带着武将特有的鲁莽刚烈，让矛盾迅速激化，气氛被推向高潮，而观众和读者自然会随之热血沸腾。

此外，元朝疆域广阔，多民族融合杂居，关汉卿的戏剧中经常出现金元时代少数民族的语言，有着浓厚的时代氛围。《拜月亭》和《哭存孝》中，称父亲为"阿妈"或"阿马"，称母亲为"阿者"，用的都是女真语。《哭存孝》李存信登场时有一段自白："米罕整斤吞，抹邻不会骑。弩门并速门，弓箭怎的射？撒因答剌孙，见了抢着吃。喝的莎塔八，跌倒就是睡。若说我姓名，家将不能记。一对忽剌孩，都是狗养的。"这里面使用了大量的蒙语："米罕"即肉，"抹邻"即马，"弩门"和"速门"分别指弓和箭，"撒因答剌孙"意为好酒，"莎塔八"意为喝醉，"忽剌孩"意为盗贼。《拜月亭》故事发生在金末，《哭存孝》的背景则是唐末各民族政权纷立的乱世，与元初的社会状况都有相似之处。各民族的风俗习惯包括日常语言难免相互影响，羼杂使用。在剧中看到类似的场景，更会有身临其境的真实感觉。宋元时期的口头俗语也经常出现在剧中，如称妻子为"浑家"，称女婿为"娇客"，称私娼为"科子"，指责昏庸官员"葫芦提"，还有原本是称呼小玩偶，但民间常用来形容美貌少年的"磨合罗"……这些来自市井，富于生活气息的词语，挣脱出了文人案头的典雅规范，在剧作中展现出鲜活的生命力。清代徐大椿在《乐府传声》中说元曲为"曲之一变"，正因为："其体则全与诗词各别，取直而不取曲，取俚而不取文，取显而不取隐，盖此乃述古人之言语，使愚夫愚妇共见共闻，非文人学士自吟自唱之作也。"

(2) 恰到好处地烘托出人物个性

王国维曾说元杂剧"于科白中叙事，而曲文全为代言"，而后"中国之真戏曲出焉"。代言体是戏剧成熟的标志，台上的表演者不再像从前的说书人那样，从第三者的角度来叙述事件，而是以第一人称来展示剧中人的喜怒哀乐，悲欢离合。这就需要剧作家设身处地，用自己的笔来为剧中人物传言写心。正所谓"欲代此一人立言，先宜代此一人立心"①，人物的身份地位，性格特征，心理变化，都需要通过曲词和宾白来表现。

对于不同身份的人物，在戏剧场景中往往会有不同的语气态度，与他们的地位，境遇相符合。《玉镜台》中温峤是翰林学士，金马玉堂，出场便说"贤臣登用，际遇圣主，觑的富贵容易"。他形容自古以来"得志"的书生，是"出则高牙大纛，入则峻宇雕墙。万里雷霆驱号令，一天星斗焕文章。威仪赫奕，徒御轩昂"，刻意渲染的是仕宦之人的堂堂威仪，言辞中有一种从容不迫的态度。而《裴度还带》中裴度贫困潦倒，"忧愁的鬓鬓斑白，尚兀自还不彻他这穷途债"。他对自己的期许则是"那其间青霄独步上天梯，看姓名亚等呼先辈；攀龙鳞，附凤翼，显五陵豪气，吐万丈虹霓"，着眼于身份地位的改变，期冀有朝一日吐气扬眉。清代徐大椿在《乐府传声》中说元曲"又必观其所演何事，如演朝廷文墨之辈，则词语仍不妨稍近藻绘，乃不失口气；若所演街巷村野之事，则铺述竟作方言可也"，关剧中的人物语言，在舞台上同样起着重要的"布景"作用。

纵然是同一阶层，同样出身，关汉卿也会在对话中巧妙地彰显出两个人性格、经历上的差异，堪称是千人千面，鲜有雷同。

---

①李渔《闲情偶记》。

曲论家王骥德说他雕镂人物"深次骨貌"①，并非夸张。《救风尘》中赵盼儿应秀才安秀实所托，去见宋引章，劝她不要一时轻率，将终身托付给周舍。两人之间一段关于婚恋爱情的对话，颇见各自性情：

〔元和令〕做丈夫的做子弟，他终不解其意。做子弟的他影儿里会虚脾，那做丈夫的忒老实。

（外旦）那周舍穿着一架子衣服，可也堪爱也。（旦）那厮虽穿着几件虼蜋皮，人伦事晓的甚的？妹子也，你为甚么就要嫁他？（外旦）则为他知重您妹子，因此要嫁他。（旦）他怎么知重你？（外旦）一年四季，夏天我好的一觉晌睡，他替你妹子打着扇；冬天替你妹子温的铺盖儿暖了，着你妹子歇息；但你妹子那里人情去，你妹子穿那一套衣服，戴那一付头面，替你妹子提领系，整钗环。只为他这等知重你妹子，因此上我要嫁他。（旦）你原来为这般嫁他。

〔上马娇〕我听的说就里，你原来为这的，引的我忍不住笑微微。你道是暑月间扇子搧着你睡，冬月间着炭火煨，烘炙着绵衣。

〔游四门〕吃饭处把匙头挑了筋共皮；出门去提领系整衣袂，戴插头面整梳篦，衡一味是虚脾！女娘每不省越着迷。

〔胜葫芦〕休想这子弟道求食，娶到他家里，多无半

_____
①王骥德《新校注古本西厢记》。

载相抛弃。又不敢把他禁害，着拳椎脚踢，打的你哭啼啼。

　　[么] 恁时节船到江心补漏迟，烦恼怨他谁？事要前思免劳后悔。我也劝你不得，有朝一日准备着搭救你块望夫石。

　　宋引章年轻幼稚，不谙世事，很容易就被周舍的慷慨多金，温存体贴所打动。她觉得和"穿着一架子衣服，可也堪爱也"的周舍比起来，嫁给老实的安秀才只能过贫苦日子，"一对儿好打莲花落"。而赵盼儿久在风尘，一眼便看出周舍风流外表下凉薄狠毒的本质，毫不客气地道出"那厮虽穿着几件蛇蜕皮，人伦事晓的甚的"。短短一段对话，足以看出宋引章的天真以及赵盼儿的老辣，并为后来的情节发展埋下了伏笔。

　　同样是"上厅行首"，杜蕊娘性情直率，一心想觅得有情人早日脱离风尘。初见韩辅臣时，斩钉截铁地说："我是他亲生的女，又不是买来的奴，遮莫拷的我皮肉烂，炼的我骨髓枯，我怎肯跟将那贩茶的冯魁去！"后来听信了虔婆的谎话，以为韩辅臣已经另结新欢，心中的怨恨也毫不掩饰，"咱本是泼贱娼优，怎嫁得你俊俏儒流"，"往常个侍衾裯，都做了付东流，这的是娼门水局下场头"，句句自嘲，言辞间满是痛苦悲愤之意。而谢天香与一代才子柳永两情相悦，机智才情又得到钱大尹的称赏，在情感的表达上就要温柔含蓄得多。她拜见过钱大尹之后，便知道这位官员严肃方正不比寻常，劝告柳永"你休见罢，这相公不比其他的"，已经展现出见识的不同寻常。钱大尹要将她收入府中，她回答"妾身是临路金丝柳，相公是架海紫金梁；想你便意错见、心错爱，怎做的门厮敌、户厮当"，态度委婉而情辞殷切。入府三年，钱大尹对她并不接近。谢天香满腹疑问又无从询问，正好钱大尹以色子为题目令她作诗，她口占一绝，巧妙地用诗来剖明心迹，并表达了自己的疑惑：

> 一把低微骨，置君掌握中。料应嫌点涴，抛掷任东风。

元剧以浅显通俗为尚，而中国古典诗歌的传统则是雍容典雅，原本是相互矛盾的事情。但色子是民间常见的玩物，以此为题，既为普通百姓熟悉，又恰恰符合了谢天香沦落风尘的出身。谢天香的诗句更是言浅情深，一语双关：自伤低微的身世，表明了"置君掌握"的处境，并婉曲地提出"抛掷任东风"的疑问，显示出过人的才华。"不但生旦丑净，口气各殊，凡忠义奸邪，风流鄙俗，悲欢思慕，事各不同"[1]，这虽然是说唱曲之法，但对于曲词而言也是一样，不同的语言风格昭示出不同的情感个性。

(3) 插科打诨的幽默风格

元杂剧的最终目的是在舞台上演出，在创作过程中，也要时刻注意到实际表演的需要。李渔说"填词之设，专为登场"[2]，要吸引观众的注意力，调动现场气氛。恰到好处的插科打诨；夸张、自嘲与反讽，无疑是非常有效的手段。关汉卿原本是个"滑稽多智，蕴藉风流"[3]的人，剧中诙谐幽默的段落比比皆是；有时会令人开怀一笑，有时在大笑的后面也隐约透出愤怒和悲凉。

---

①徐大椿《乐府传声》。
②李渔《闲情偶寄》。
③熊梦祥《析津志·名宦》。

在戏剧剑拔弩张的气氛里，关汉卿时常穿插些小小的噱头，让观者的心情略一放松，然后马上又是一个高潮迭起。《单刀会》中鲁肃要赚关羽过江索取荆州，向乔公和司马徽征求意见。乔公是东吴老臣，虽然极力道出关羽的勇武，但形容描绘毕竟还是严肃庄重的。而司马徽隐居山野，言辞中难免带着"玩世"的态度，诙谐风趣，颇多夸张。鲁肃前去拜访他，对道童说："你去说，鲁子敬特来相访。"道童回答："你是紫荆？你和那松木在一搭里。"简短对话，便为本折奠定了诙谐的基调。接下来司马先生接连提出不可能的要求，"你与我跪着膝连忙的劝酒"，"他醉了呵你索与我便走"。并且吓唬鲁肃"咱两个都落不的完全尸首"！拒绝了邀请，拂袖而去。而小道童又一次取笑鲁肃，说"我下山赴会走一遭去，我着老关两手送你那荆州"，反讽之词首尾相应，引人发笑。鲁肃听罢，不禁自语道"我听那先生说了一会，交我也怕上来了"，虽然主人公关羽尚未出场，先声早已夺人。

公案剧《蝴蝶梦》王家三兄弟被打入囚牢，王婆婆前去探监，临走时问三兄弟可有什么交代。王大说"母亲，家中有一本《论语》，卖了替父亲买些纸烧"；王二说"母亲，我有一本　《孟子》，卖了替父亲做些经忏"。《论语》《孟子》两本书本来不值多少钱，而王家兄弟在生死之际提及这些小事，看上去很是滑稽可笑。但对于剧作家来说，却是在哀悼这两本书所代表的儒家传统和中国士人道德理想的失落。元代儒学地位衰落，儒生无立锥之地，王家兄弟苦读诗书却落得如此下场，所谓圣贤之书还不如"卖了"干净。表面上一笑而过，实则弦外有音。之后王大、王二先后被赦出，王三在牢中准备抵命。向衙役张千问起死刑事宜，得知要"三十板高墙丢过去"，便说"哥哥，你丢我时放仔细些，我肚子上有个疖子哩"！生离死别的场景中，穿插着这样的小笑料，显示出王三临死前的从容不迫，也为后来皆大欢喜的结局铺垫了伏笔。

这种插科打诨的段落也能生动地凸显一个人的性格，尤其是剧中的反派，几句话便使人物特征入木三分。《救风尘》中周舍带着宋引章回到郑州，吩咐小二，若客店中来了好女子，便去叫他。

（小二）我知道。一时那里寻你去。

（周）你来粉房里寻我。

（小二）粉房里没有呵。

（周）赌房里来寻。

（小二）赌房里没有呵。

（周）牢房里来寻。

几句简短对话，粉房——赌坊——牢房的递进，让周舍好色贪婪的本性暴露无遗。关剧中的反面人物出场时，往往都伴随着这种幽默夸张的自嘲。《窦娥冤》中赛卢医第一折出场时说"行医有斟酌，下药依本草；死的医不活，活的医死了"，第二折又说"小子太医出身，也不知医死多人。何尝怕人告发，关了一日店门"，活脱脱勾画出一个庸医嘴脸，"太医出身"与"医死多人"的强烈对比，又隐约可见整个世界的黑白颠倒。楚州太守桃杌的自白也同样采取了这种方式，"我做官人胜别人，告状来的要金银；若是上司当刷卷，在家推病不出门"。"胜别人"与"要金银"，正是元代官场的真实写照。又如《单鞭夺槊》中李元吉奉命对战单雄信，抱怨"老三做事忒搊搜，差去争锋不自由，如今只学乌龟法，得缩头时且缩头"，也是用夸张的自嘲方式突出了反派的形象。之前李元吉刚刚自夸擒拿了尉迟恭，比武中却被尉迟恭轻松取胜，如同儿戏。再看到这段说词，更是平添喜剧效果。《哭存孝》中李存信出场自称"米罕整斤吞，抹邻不会骑"；后文却伙同康君立与李存孝争功，并设下奸计杀害了李存孝。无能者身居高位，而功勋卓著的名将却一再被陷害，最后死于非命。再回头去看这段开场宾白，滑稽自嘲中就带上了浓郁的悲剧感。

所以关汉卿的"幽默"中，时常会渗透着一种荒诞的气氛。《救风尘》中周舍带着宋引章回到郑州，立刻撕掉了多情公子的面目，每日非打即骂。还言之凿凿地说出一番打骂的"缘由"来：

　　　则见那轿子一晃一晃的。我向前打那抬轿的小厮道："你这等欺辱人！"举起鞭子就打。问他道："你走便走，晃怎么？"那小厮道："不干我事，妳妳在里边不知做甚么。"我着鞭子挑起轿帘一看，则见他精赤条条地在里面打斤斗。来到家中，我说："你套一床被我盖。"我到房里，只见被子到高似床。我便叫："那妇人在那里？"则听的被子里答应道："周舍，我在被子里面里。"我道："被子里面做甚么？"他道："我套绵被，把我番在里头了。"我拿起棍来，恰待要打，他道："周舍，打我不打紧，休打了隔壁王婆婆。"我道："好也！把邻舍都番在被里面。"我褡护上掉了一根带儿，着他缀一缀。他道："我缀了。"我道："在那里？"他道："我缀的牢牢的

里。"着我衣裳高处看，无有。可那里去了？拿过镜子则
一照，把根带儿缀在肩头上。

对于中国古代女性来说，女红针指几乎都是必修的科目，套
棉被和钉带子这样的事情不可能发生，所谓"打斤斗"更是毫无
道理的污蔑。周舍的话荒诞无稽，令人发笑。但转念一想，欲加
之罪，何患无辞。在这样一个没有黑白反复，生命和公理都毫无
保障的世界里，任何莫须有的罪名都可能从天而降。"伏低伏弱，
装呆装落，是非犹自来着莫"①，即便老老实实清白度日，也躲不
开飞来横祸。宋引章如此，窦娥如此，王老儿上街买纸笔无辜被
打死，李存孝功高盖世却惨遭车裂之刑。虚虚实实，悲喜相生，
关汉卿的笑声给人以慰藉，背后也弥漫开真实世界的黑暗和冰冷。

（4）对环境气氛的渲染

戏剧表演要在一方舞台上展示出极大的时间和空间跨度：闺
房战场，歌台酒宴，或者柔情蜜意，或者兵戈杀伐。人物下场上
场之间，经常就过去了几年甚至十几年的时间。这些场景的变换，
岁月的变迁不能靠布景来展示，往往就在曲词宾白中予以渲染。
王国维极推崇元代的戏剧语言，说："然元剧最佳之处，不在其
思想结构，而在其文章。其文章之妙，亦一言以蔽之，曰：有意
境而已矣。何以谓之有意境？曰：写情则沁人心脾，写景则在人
耳目，述事则如其口出是也。古诗词之佳者无不如是，元曲亦然。"②

关剧《拜月亭》的历史背景在金朝末年，当时蒙古大军正要

---

①陈草庵［中吕·山坡羊］。
②王国维：《宋元戏曲史》，上海古籍出版社 1998 版，页 99 页。

进攻金中都，时为兵部尚书的王镇赶赴前线视察军情，女主人公王瑞兰和母亲为父亲饯行。蒙古军队攻破金中都是在金宣宗贞祐三年五月，关汉卿却把季节放到了秋天，用肃杀的秋景来衬托迫在眉睫的战争与分别。尽管篇幅不长，笔下却渲染出了十分浓厚的萧瑟哀伤气氛：

　　［赏花时］卷地狂风吹塞沙，映日疏林啼暮鸦，满满的捧流霞，相留得半霎，咫尺隔天涯。
　　［幺篇］行色一鞭催瘦马。（孤云了）你直待白骨中原如卧麻。虽是这战伐，负着个天摧地塌，是必想着俺子母每早来家。（下）

元朝灭金亡宋，统一全国，前后用了几十年的时间，遍地的烽火战乱给人们带来了极大的痛苦。家园毁于战火，乱兵中骨肉分离，在当时都是随时可见的悲惨画面。正如王瑞兰在第一折中的唱词所述："锦绣华夷，忽从西北天兵起。觑那关口城池，马到处成平地。"①为躲避战乱，瑞兰母女不得不离乡逃难，偏生中途又遇风雨：

　　［油葫芦］分明是风雨催人辞故国！行一步一叹息，两行愁泪脸边垂。一点雨间一行悒惶泪，一阵风对一声长吁气。（做滑擦科）应！百忙里一步一撒，嗨！索与他一步一提。这一对绣鞋儿分不得帮和底，稠紧紧粘软软带着淤泥。

————————

①关汉卿《拜月亭》第一折［仙吕·点绛唇］。

曲词中连用十一个"一"，构成了一种急促断续的节奏感，如见弱质女子在泥泞中赶路，凄惶无依。这样的唱词往往伴有科范，舞台上虽然不见风雨，曲词和表演却让母女二人逃难的景象历历在目。《五侯宴》中赵太公原本要将王嫂的亲生儿子活活摔死，王嫂苦苦哀求，赵太公仍然逼迫她把儿子抱出去丢掉。于是王嫂不得不抱着儿子，在大雪天含泪而去：

　　　　［南吕］　［一枝花］恰才得性命逃，速速的离宅舍。我可便一心空哽咽，则我这两只脚可兀的走忙迭。我把这衣袂来忙遮，俺孩儿浑身上绵茧儿无一叶。我与你往前行，无气歇，眼见的无人把我来拦遮，我可便将孩儿直送到荒郊旷野。

　　连用"速速"、"走忙迭"、"忙遮"、"无气歇"、"直送到"等词组，一气呵成，将王嫂护下孩子性命，匆忙逃出赵家的场景再现于面前。

　　情景相融，曲词宾白与科范巧妙结合，使关汉卿的戏剧情节跌宕起伏，词句则摇曳生姿，如同"繁弦促调，风雨骤集"[1]。《窦娥冤》中，窦娥的鬼魂来找父亲诉冤，"哭啼啼守住望乡台，急煎煎把仇人等待，慢腾腾昏地里走，足律律旋风中来"，用衬字造成一种如泣如诉，时急时缓，有如鬼魅的效果。《拜月亭》中王瑞兰在月下祈求丈夫安好，夫妻团圆，同样使用了大量的衬字，

————————

　　[1]孟称舜《古今名剧合选》评点。

"韵悠悠比及把角品绝，碧荧荧投至那灯儿灭，薄设设衾共枕空舒设；冷清清不惩迭，闲遥遥生枝节，闷恹恹怎捱他如年夜"。一唱三叹，满腹悲愁和思念在清冷月色下更加令人动容。《单刀会》中鲁肃和关羽为荆州之事在酒宴上针锋相对，待到群舞出场，甲兵纷纷涌上，接下来一段对话全用短句，句句相接，全然是剑拔弩张的气氛：

> （鲁云）埋伏了者。
> （正末击案，怒云）有埋伏也无埋伏？
> （鲁云）并无埋伏。
> （正末云）若有埋伏，一剑挥之两段！　（做击案科）
> （鲁云）你击碎菱花。
> （正末云）我特来破镜！

关羽独身前往东吴，独自面对甲兵而毫无畏惧，这一段对话中所表露出的气势更是完全将鲁肃压倒。而《裴度还带》中，描写漫天大雪，言辞则优美如画：

> [南吕]　[一枝花]恰便似梅花遍地开，柳絮因风起。有山皆瘦岭，无处不花飞。凛冽风吹，风缠雪银鹅戏，雪缠风玉马垂。采樵人荷担空回，更和那钓鱼叟披蓑倦起。
> [梁州]看路径行人绝迹，我可便听园林冻鸟时啼。这其间袁安高卧将门闭。这其间寻梅的意懒，访戴的心灰，烹茶的得趣，映雪的伤悲。冰雪堂冻苏秦懒谒张仪，

蓝关下孝韩湘喜遇昌黎。我、我、我，飘的这眼眩耀，认不的个来往回归；是、是、是，我可便心恍惚，辨不的个东西南北；呀、呀、呀，屯的这路弥漫，分不的个远近高低。琼姬素衣，纷纷巧剪鹅毛细；战八百万玉龙退，败鳞甲纵横上下飞。可端的羡杀冯夷！

（正末云）这雪越下的大了也！　（唱）

[隔尾]　这其间正乱飘僧舍茶烟湿，密洒歌楼酒力微，青山也白头老了尘世。都不到一时半刻，可又早周围四壁，添我在冰壶画图里。

　　前者激荡着武将单刀赴会的凌厉杀伐之气，后者则铺垫出儒士拾金不昧的道德君子之风，或如暴风骤雨，或者娓娓道来，各自曲尽其妙。后人形容关汉卿的戏剧语言如"琼宴醉客"①，"珠玑语唾自然流，金玉词源即便有"②，绝非溢美之词。

（5）诗词典故的巧妙化用

　　元代儒学式微，文人地位一落千丈；杂剧又是极贴近下层民众，百姓生活的艺术形式，以浅显通俗为尚。所以往往有元人不读书，元杂剧为浅言俚语的议论。然而元杂剧虽然推崇浅显直白，毕竟大多出自"鸿儒硕士，骚人墨客"③之手。这些市井间的文人一方面汲取鲜活的民间语言，另一方面也从前代的诗词歌赋，文章典故中继承了宝贵遗产。王骥德《曲律》中说：

---

①贾仲明 [双调·凌波仙] 《吊关汉卿》。
②朱权《太和正音谱·元杂剧十二科》引赵孟頫语。
③蒋一葵《尧山堂外纪》卷六十八。

词曲虽小道哉，然非多读书以博其见闻，发其旨趣，终非大雅。须自《国风》《离骚》、古乐府及汉、魏、六朝、三唐诸诗，下迨《花间》《草堂》诸词，金、元杂剧诸曲，又至古今诸部类书，俱博搜精采，蓄之胸中，于抽毫时，掇取其神情标韵，写之律吕，令声乐自肥肠满脑中流出，自然纵横该洽，与剿袭口耳者不同。胜国诸贤，及实甫、则诚辈，皆读书人，其下笔有许多典故、许多好语衬副，所以其制作千古不磨。至卖弄学问，堆垛陈腐，以吓三家村人，又是种种恶道。古云："作诗原是读书人，不用书中一个字。"

"作诗原是读书人，不用书中一个字"，正是元代曲家的写照。如王实甫之清丽，马致远之蕴藉，笔下何曾少了"千古不磨"的珠玉之句？关汉卿虽然以"激厉"、"雄肆"而著称，但剧中绝不缺乏优美文辞，以及对前代诗词典故的巧妙化用。夺胎换骨，化雅为俗，创造出自己独树一帜的风格。

元杂剧的欣赏对象多为市井百姓，文化水平不高，所以在援用轶事，征引典故的时候通常会使用熟典，不能太过生僻。《窦娥冤》中蔡婆婆收留了张驴儿父子在家，窦娥担心性情软弱的婆婆会再嫁张老儿，接连援引了五位"前人"的故事："这一个似卓氏般当垆涤器，这一个似孟光般举案齐眉"，"那里有奔丧处哭倒长城，那里有浣纱时甘投大水，那里有上山来便化顽石"，埋怨婆婆不该忘却旧日恩情，不辨是非。卓文君随司马相如当垆卖酒而毫无怨言；孟光梁鸿夫妻恩爱举案齐眉；孟姜女哭倒长城；吴国浣纱女给逃亡的伍子胥饭食，为表明自己不会向追兵泄密，投水而死；还有望夫石的传说①，这些故事早已在民间耳熟能详。窦娥以这几位女性的夫妻恩爱和守信重义，与婆婆的软弱犹豫相对照，更能唤起人们心中那些积淀已久的情感，从而质疑蔡婆婆的行为。

《裴度还带》第二折，裴度雪天访白马寺，［南吕·一枝花］套曲②中也接连使用了袁安高卧③、踏雪寻梅④、雪夜访戴、孙康映雪⑤、苏秦张仪冰雪堂相会⑥、韩愈叔侄相逢蓝关等一系列典故。裴度是以才华自许的落魄文人，言辞自然要优美雅驯得多，但这些典故也都不是随意的堆砌。雪夜访戴用《世说新语》中王徽之访戴逵，兴尽而返的典故，切合裴度访白马寺的事件。袁安高卧和孙康映雪都是广为流传的苦志读书人故事，袁安为他人着想，雪天宁可挨饿卧床不出，德行得到洛阳令的赏识，举为孝廉；孙

---

①《太平御览》卷44引南朝宋刘义庆《幽明录》："武昌阳新北山上有望夫石，状若人立。相传昔有贞妇，其夫从役，远赴国难，其妇携弱子饯送此，立望夫而化石，因以名焉。"

②《裴度还带》第二折："这其间袁安高卧将门闭。这其间寻梅的意懒，访戴的心灰，烹茶的得趣，映雪的伤悲。冰雪堂冻苏秦懒谒张仪，蓝关下孝韩湘喜遇昌黎。"

③《后汉书·袁安传》李贤注引《汝南先贤传》："时大雪，积地丈馀，洛阳令自出案行，见人家皆除雪出，有乞食者。至袁安门，无有行路，谓安已死，令人除雪，入户，见安僵卧。问何以不出，安曰：'大雪人皆饿，不宜干人。'令以为贤，举为孝廉也。"

④张岱《夜航船》："孟浩然情怀旷达，常冒雪骑驴寻梅，曰：'吾诗思在灞桥风雪中驴背上。'"元代曲家费唐臣《苏子瞻风雪贬黄州》有"生扭做踏雪寻梅孟浩然"句，可见此故事元代广已为流传。

⑤后晋李瀚《蒙求》："孙康映雪，车胤聚萤。"徐子光注引《孙氏世录》："康家贫无油，常映雪读书，少小清介，交游不杂，后至御史大夫。"

⑥元无名氏杂剧《冻苏秦衣锦还乡》，记叙苏秦与张仪当年一同读书，张仪成为秦国丞相后苏秦去拜谒他，张仪为了激励同窗向学的斗志，故意在冰雪堂慢待苏秦。苏秦发奋读书，成为六国都元帅，衣锦还乡。张仪前来拜会，说明当初的用意，二人言归于好。

康家贫而志气不堕，映着雪光苦读诗书，这与裴度的境遇和志向恰恰相符。陶渊明踏雪寻梅，苏秦张仪冰雪堂相会在元代都有杂剧作品，可见这两段故事已经深入人心；而张仪在冰雪堂故意慢待苏秦以激发他的斗志，也暗示了姨丈王员外对裴度假意冷遇，暗中资助的行为。"蓝关下孝韩湘喜遇昌黎"本事出自韩愈《左迁至蓝关示侄孙湘》诗句，但韩湘子是传说中"八仙"之一，民间流传着他曾经预言韩愈遭贬潮州的故事①，这与剧作中赵野鹤"阴阳有准"，"祸福无差"的论断也正好切合。这一系列的典故轶事，既衬托了裴度的文士风雅，又都为平民百姓所熟悉，并且无不紧扣剧情的前后发展。关汉卿典故运用之高妙，戏剧语言之机巧，由此可见一斑。

有时候，中国的古典诗词也被关汉卿直接在剧作中使用，成为关目所在。《谢天香》中，钱大尹得知柳永临行前写下一阕《定风波》赠予谢天香，而词中正巧有"芳心事事可可"一句。于是唤谢天香唱曲，想引她触犯自己官讳，借机责罚。而谢天香随机应变，将"可可"改为"已已"，全词原本是"歌戈韵"，全部换为"齐微韵"唱出，令钱大尹深为叹赏。《定风波》的确是柳永的作品，关汉卿直接移入剧中，既符合人物身份，令观众有真

---

①宋刘斧《青琐高议》卷九载，韩湘字清夫，韩文公之侄，幼养于门下，落魄不羁。韩文公令作言志诗，湘挥笔而就，中有'能开顷刻花'之句。文公问："汝能夺造化开花乎？"湘曰："此事甚易。"值文公开宴，遂取土聚于盆，用笼覆之。片刻道："花已开矣。"举笼见花二朵，大而美艳，上有小金字，分明可辨："云横秦岭家何在，雪拥蓝关马不前。"公未晓诗意，视为幻化之术。湘曰："事久乃验。"后韩文公因言佛骨事贬潮州，途中方悽倦，有一人冒雪而来，乃湘也。湘曰："公忆向日花上之句乎？乃今日之验也。"公询地名，即蓝关。叹曰："今知汝异人，乃为汝足成此诗。"诗即《左迁至蓝关示侄孙湘》。

实感；又巧妙地显示了女主人公的才华。

在更多的作品中，关汉卿并不直接征引典故，而是化用前人作品，变雅为俗，且无损于优美情境和雄浑气势。《单刀会》第四折中关羽单刀过江，望"大江东去浪千叠"，感慨"水涌山叠，年少周郎何处也？不觉的灰飞烟灭"，化用苏轼《念奴娇·赤壁怀古》词意。时光流逝，英雄无觅，吊古伤怀之情一以贯之。但苏词归结于人生无常的慨叹和达观处世的态度，而关剧则宕开一笔，写"鏖兵的江水犹然热"，"二十年流不尽的英雄血"，渴盼征战休止，天下太平。词意清旷豪放，曲词苍茫雄肆，各有千秋。又如《调风月》第二折，燕燕见到小千户与莺莺小姐定情的手帕，怒气填膺地说出一番话来：

> ［上小楼］我敢摔碎这盒子，玳瑁纳子教石头砸碎。
> （带云）这手帕。（唱）剪了做靴檐，染了做鞋面，擢了
> 做铺持。一万分好待你，好觑你！如今刀子根底，我敢
> 割得来粉零麻碎！

六朝之后，中国文学中的女性形象大多是温柔婉媚的，燕燕所表现出的怨恨和炽烈情感却一扫此风，仿佛回归于汉乐府《有所思》中"闻君有他心，拉杂摧烧之。摧烧之，当风扬其灰"的决绝。明代曲论家何良俊曾说关汉卿的语言"激厉而少蕴藉"，这种不假掩饰，奔涌而出的情感，是最为真切自然的表达，也最容易击中观者的心灵。

三、关汉卿的散曲创作

与冠绝一时，泽被后世的杂剧相比，关汉卿的散曲创作往往容易为人忽略。但是和杂剧一样，关汉卿在散曲的发展史上也属于"先导"之人；并且以广泛的题材，鲜活的生命力，豪放泼辣或清丽雅致的语言，娴熟多变的文字技巧扬帜于曲坛。元散曲的诸多特征，均能在他的作品中找到实例。关汉卿目前流传下来的散曲作品有小令57首，套数13首，残曲2首，从数量上看，在元代曲家中也位居前列。曲论家周德清说他"字畅语俊"，杨维桢赞他"奇巧"，郑振铎先生说他的套曲和小令"温绮多姿，可喜之作殊多"[1]，"几乎没有一句不是温莹的珠玉"[2]。当我们读过关汉卿的散曲，就会明白这些赞誉绝不是溢美之词。王国维先生称关汉卿为"元人第一"，杂剧固然如此，散曲也同样是当之无愧的。

1. 关汉卿散曲的创作心境

关汉卿生于金末，金亡时他还在童年或少年，大概不会有那

---

①郑振铎《中国俗文学史》。
②郑振铎《中国俗文学史》。

么深浓的亡国之痛，在他的杂剧和散曲创作中也都没有什么特出的表现。但是之后的几十年里，中原大地一直战事不断，身处那样一个动荡乱离的年代，难免会有人事变幻，江山更迭的苍茫之感。南宋覆亡之后，许多曲家动身南下，或游历或长期定居，关汉卿也是其中之一。南宋遗民们怆怀故国的血泪悲歌，他们即便不能感同身受，必然也受到极深的影响。而元朝文治衰颓，长期停行科举，士子们读书立身的志向，济世安民的理想在现实中统统被碾得粉碎；严苛的等级制度又将"汉人"和"南人"划归在最底层，无论法律执行标准还是官员铨选制度，都毫无公正可言。这样一个世界，对于普通文人来说几乎是看不到希望的。儒家"达则兼济天下，穷则独善其身"的处事标准，在元代已经变成了进退失据，前后无门。南宋遗民们国破家亡的仇恨，在关汉卿等北方汉人的身上，极易转化为对生活现状的不满，对不公平制度的蔑视和反抗。他们一方面将自己的精神依托彻底拉离了社会历史，寄情于山水之间，远隔红尘不问世事；另一方面，则被生活逼入市井人间，不再俯视芸芸众生而是成为其中一员，极力彰显"大隐隐于市"的滑稽人格和及时行乐的人生态度。李昌集先生在《中国古代散曲史》中总结说："散曲文学，其精神构成的轴心是避世思想和玩世哲学。"元代曲家的创作心境，"避世"与"玩世"这四个字几乎可以全部概括。但关汉卿毕竟生活在元初，曾经走过一个风云激荡的年代，还没有后世元代曲家那种刻骨铭心的绝望感。在"避世"的逍遥散淡底下，往往透出对自由的崇尚，对生活的赏爱，离经叛道的态度和不加遏止的情感。所以我们读他的散曲，无论逍遥隐逸还是笑骂风流，都会有一种鼓荡的风力充斥其间。

(1) 逍遥适意的处世态度

即便在儒家思想中，避世也是时常被提到的话题。《易经》中有"遁"卦，遁者，遁也。孔颖达疏云："……小人日用，君子日消。君子当此之时，若不隐遁避世，即受其害，须遁而后得通，故曰遁。"《论语》中也说"天下有道则见，无道则隐"[①]，"道不行，乘桴浮于海"[②]。然而，孔子说"鸟兽不可与同群"，儒家之避世从来都不是彻底的放弃。他们在"小人日用，君子日消"的时候避祸全身；无论"道"在世间通行与否，他们始终相信并以之为准则，并且期待着"遁而后得通"。所以"达则兼济天下，穷则独善其身"从来都是中国士人立身处世的准则之一，得意时济世安民，失意时安贫守志。对儒者而言，"避世"同样是一种立身处世的手段，是一种"有待"的暂时蛰伏，甚至将之作为一种磨砺意志，修心养气的方式。

而元代的政治状况，却没有给文人儒士们留下任何"有待"的可能。所谓"九儒十丐"虽然没有确实的凭据，但元朝儒生地位的低下却是不争的事实。无能者身居显位，才高者沉沦下僚，官员贪婪昏聩，法制混乱废颓……元代一位无名曲家写下的 [中吕·朝天子]《志感》，堪称是那个时代的写照：

> 不读书有钱，不识字有钱，不晓事倒有人夸荐。老
> 天只恁心偏，贤和愚无分辨。折挫英雄，消磨良善，越
> 聪明越运蹇，志高如鲁连，德过如闵骞，依本分只落得

---

① 《论语·泰伯》。
② 《论语·公冶长》。

人轻贱。

　　善恶不明，良莠不辨，黑白颠倒。儒家的用世之心没有了任何施展的可能，"依本分只落得人轻贱"使"独善其身"也像是一个悲怆的笑话。儒生也好，百姓也好，没有人能将他们从一片黑暗中救拔出来。什么忠臣良将，圣主贤臣，再也不会成为理想所系和心灵寄托，反而变成散曲中被嘲笑，被摒弃的对象。回鹘人薛昂夫写下［中吕·朝天子］二十首，每一句都是对历代圣贤雄杰辛辣的嘲讽，譬如："卞和，抱璞，只合荆山坐。三朝不遇待如何，两足先遭祸。传国争符，伤身行货，谁教献与他！切磋，琢磨，何似偷敲破。"献玉的卞和在他眼中无疑是自找祸患，传国玉玺也不过是惹来历代纷争的"伤心行货"，还不如敲破了干净。出身名门，曾经身居高位的贯云石写有著名的［双调·殿前欢］："楚怀王，忠臣跳入汨罗江。《离骚》读罢空惆怅，日月同光。伤心来笑一场，笑你个三闾强，为甚不身心放？沧浪污你，你污沧浪。"屈原以其高洁人格和"虽九死其犹未悔"的志向，一直令历代文人仰视，贯云石却以一句惊人的"你污沧浪"，将忠臣的操守和坚持完全颠覆。一直到元末，散曲中依然响彻着这样的声音，"说英雄谁是英雄？五眼鸡岐山鸣凤，两头蛇南阳卧龙，三脚猫渭水飞熊"[1]。如同庄子所说"圣人不死，大盗不止"[2]，元代文人精神中总是弥漫开一种刻骨的悲愤与凄凉，他们不再坚持儒家的以

----

　　[1]张鸣善［水仙子·讥时］。
　　[2]《庄子·胠箧》。

退为进，而是转向了道家的彻底否定。"绝圣弃智"①，彰扬个体自由，将勋业功名视若无物，退身远祸，自放于江湖。

关汉卿的散曲中，闲散无为，适意逍遥的处世态度时常可见。他曾经有过仕宦生涯，但那段时光显然是不得意的。所以在曲中慨叹"功名似水上浮沤"②，追问"官品极，到底成何济"。朝廷贤愚不分，文人立身无地，那些为国为民，安定海宇的宏愿，在污浊官场中如何能够施展？"成何济"是对身居高位者的斥问，同样也是关汉卿的自我怀疑。这种心灰意冷的避世情怀，在［双调·乔牌儿］套数中表达得最为明显：

世情推物理，人生贵适意。想人间造物搬兴废，吉藏凶、凶暗吉。

［夜行船］富贵那能长富贵，日盈昃月满亏蚀。地下东南，天高西北，天地尚无完体。

［庆宣和］算到天明走到黑，赤紧的是衣食。兔短鹤长不能齐，且休题，谁是非。

［锦上花］展放愁眉，休争闲气。今日容颜，老如昨日。古往今来，恁须尽知：贤的愚的，贫的和富的，

［幺］到头这一身，难逃那一日。受用了一朝，一朝便宜。百岁光阴，七十者稀。急急流年，滔滔逝水。

［清江引］落花满院春又归，晚景成何济！车尘马足中，蚁穴蜂衙内，寻取个稳便处闲坐地。

① 《老子》第十九章。
② ［越调·斗鹌鹑］《女校尉》。

关 汉 卿

[碧玉箫] 乌兔相催，日月走东西。人生别离，白发故人稀。不停闲岁月疾，光阴似驹过隙。君莫痴，休争名利，幸有几杯，且不如花前醉。

[歇指煞] 恁则待闲熬煎闲烦恼闲萦系，闲追欢闲落魄闲游戏，金鸡触祸机。得时间早弃迷途，繁华重念箫韶歇，急流勇退寻归计。采蕨薇，洗是非，夷齐等，巢由辈。这两个人谁似得：松菊晋陶潜，江湖越范蠡。

"天地尚无完体"——这是关汉卿在散曲中发出的浩叹。元代之前，中国士人心中还相信"天道"公理，相信人格精神借由自身修养能够达到圆满自足。关汉卿则否定了这最根本的精神支柱，以"世情推物理"，对这个颠倒世界不再报以任何希望。这与他杂剧中"地也，你不分好歹何为地；天也，你错勘贤愚枉做天"的质问，是一脉相承的。他视官场如"车尘马足"，"蚁穴蜂衙"，只是名利纷扰之地。而且无论贫富贵贱，到头来还不都是"难逃那一日"。他列举了几位中国古代的"贤人"作为自己的榜样：隐居在首阳山，"不食周粟"的伯夷、叔齐；以树为巢，不入红尘的隐士巢父；拒绝了尧的禅位，并以之为恶声，掬水洗耳的隐士许由。尤其是两位以"早弃迷途"著称的隐者：越大夫范蠡和五柳先生陶渊明。范蠡看出越王勾践阴险刻薄，没有容人之量，劝告文种"飞鸟尽，良弓藏；狡兔死，走狗烹"①，飘然远去，泛舟于五湖。陶渊明不愿意"为五斗米折腰"，辞官归隐。元初曲家不忽木曾在散曲中写道"宁可身卧糟丘，塞强如命悬君手"②，

---

① 《史记·越世家》。
② 不忽木 [仙吕·点绛唇] 《辞朝》。

置身于元代官场，不要说为君分忧为民请命，连保全自身都是很难做到的事情。所以"急流勇退"的陶渊明和范蠡才深得关汉卿的称赏，与其在那样的肮脏险恶之地浮沉，不如早日退身远祸，逍遥于山林。

但是，关汉卿的隐居并不是独往独来，远离尘世，青灯古卷的枯寂生涯。他说"人生贵适意"，尽管不再追求"立德、立功、立言"的不朽勋业，不再踏入污浊官场，但生活本身则是充满乐趣的。对于自己的普通生活和身边的普通人，他始终怀着安适融洽的心情去面对。所以笔下散曲虽然以"避世"为主题，却往往是言笑晏晏，生机盎然。如〔南吕·四块玉〕《闲适》：

　　适意行，安心坐，渴时饮饥时餐醉时歌，困来时就向莎茵卧。日月长，天地阔，闲快活。
　　旧酒投，新醅泼，老瓦盆边笑呵呵，共山僧野叟闲吟和。它出一对鸡，我出一个鹅，闲快活。
　　意马收，心猿锁，跳出红尘恶风波。槐荫午梦谁惊破？离了名利场，钻入安乐窝，闲快活。
　　南亩耕，东山卧，世态人情经历多。闲将往事思量过，贤的是他，愚的是我，争甚么？

"老瓦盆边笑呵呵"，"它出一对鸡，我出一个鹅，闲快活"，这种与山僧野老欢笑小酌，其乐融融的景象，会让人想起孟浩然《过故人庄》中"故人具鸡黍，邀我至田家"，"开轩面场圃，把酒话桑麻"的风景。贯云石题诗同渔翁换芦花被，或许还带着些清高猎奇的"名士"之风；关汉卿却是来自民间，属于民间的。

山僧野老也好，青楼歌姬也好，他从来没有什么高高在上的态度。这种"避世"之心避开了官场和名利，放弃了勋业和功名，但绝对不是"与鸟兽同群"。

（2）自由肆意的人格精神

《楚辞·渔父》中有一位著名的"渔父"形象。他劝说被放逐的屈原："圣人不凝滞于物，而能与世推移。世人皆浊，何不淈其泥而扬其波？众人皆醉，何不餔其糟而歠其醨？"意思就是说，圣人不拘泥于事物，而能够随着世道的变化而改变。将人间只视作游戏的场所，又何妨与世同浊，与世同醉呢？所以"沧浪之水清兮，可以濯吾缨。沧浪之水浊兮，可以濯吾足"，无论外物如何改变，只要秉持着自己自由的精神，行为上便不需要有什么束缚和挂碍。

在历史和文学中，这样的人物从没有缺少过。司马迁在《史记》中立《滑稽列传》，《史记索隐》解释说："滑，乱也；稽，同也。言辩捷之人言非若是，言是若非，言能乱异同也。"原本是记述能言善辩之人"谈言微中，亦可以解纷"的事迹。但淳于髡也好，优孟也好，言谈辩论中都有着谈笑风流的味道，就使得"滑稽"不仅仅是一种手段，同时也成为一种人生的态度。东方朔在这一点上表现得尤为明显，他行为狂放，"饭已，尽怀其馀肉而去，衣尽汙"，"徒用所赐钱帛，取少妇于长安中好女"。别人都认为他发狂，他则在酒酣时据地而歌："陆沉于俗，避世金马门。宫殿中可以避世全身，何必深山之中，蒿庐之下。"

东方朔身上，我们不再看到端方守正，持己省身的儒士风范，也没有"知其不可而为之"的进取之心。在一个"陆沉于俗"的时代里，他用一种狂放肆意的方式表现出自由的人格精神，傲岸与戏玩的态度集于一身。竹林七贤的醉酒自放，李白"一醉累月轻王侯"的潇洒不羁，都是这样一种人格精神的延续。而元代的社会现实，则使这种"玩世"的精神恣意地铺扬开来，在曲词中涂抹得淋漓尽致。那个时代的文人们不可能大隐于金门，所以山水田园，街坊陋巷，青楼楚馆，梨园曲苑都成了他们"避世全身"的所在。白朴自称"今朝有酒今朝醉，且尽樽前有限杯"①，杨朝英扬言"对酒看花笑，无钱当剑沽，醉倒在西湖"，这样的声音在元散曲中始终铿锵作响。关汉卿自诩"浪子班头"，长期混迹在梨园与欢场，在杂剧中尽情展示着市井口语和平民百姓的嬉笑怒骂；而在散曲创作中，所表现出的同样是一种诙谐自放，自由不羁的态度。著名的［南吕·一枝花］《不伏老》，一向被视为他的自画像：

　　攀出墙朵朵花，折临路枝枝柳。花攀红蕊嫩，柳折翠条柔。浪子风流。凭着我折柳攀花手，直煞得花残柳败休。半生来折柳攀花，一世里眠花卧柳。

　　［梁州］我是个普天下郎君领袖，盖世界浪子班头。愿朱颜不改常依旧。花中消遣，酒内忘忧。分茶攧竹；打马藏阄，通五音六律滑熟；甚闲愁到我心头！伴的是银筝女，银台前、理银筝、笑倚银屏；伴的是玉天仙，携玉手、并玉肩、同登玉楼；伴的是金钗客，歌金缕、棒金樽、满泛金瓯。你道我老也，暂休！占排场风月功名首，更玲珑又剔透。我是个锦阵花营都帅头，曾玩府

----

① 白朴［中吕·阳春曲］《知己》。

游州。

〔三煞〕子弟每是个茅草岗沙土窝初生的兔羔儿乍向
向围场上走，我是个经笼罩受索网苍翎毛老野鸡蹅踏得
阵马儿熟。经了些窝弓冷箭蜡枪头，不曾落人后。恰不
道人到中年万事休，我怎肯虚度了春秋。

〔黄钟尾〕我是个蒸不烂煮不熟捶不匾炒不爆响珰珰
一粒铜豌豆，恁子弟每谁教你钻入他锄不断斫不下解不
开顿不脱慢腾腾千层锦套头？我玩的是梁园月，饮的是
东京酒，赏的是洛阳花，攀的是章台柳。我也会围棋会
蹴鞠会打围会插科，会歌舞会吹弹会咽作会吟诗会双陆。
你便是落了我牙歪了我嘴瘸了我腿折了我手，天赐与我
这几般儿歹症候，尚兀自不肯休。则除是阎王亲自唤，
神鬼自来勾勾，三魂归地府，七魄丧冥幽，天哪，那其
间才不向烟花路儿上走！

其实这套曲子中，未必每一句都和关汉卿本人对应。但毫无
疑问，他认同并着意塑造了这样一个形象："一世里眠花卧柳"
的风流多情，"通五音六艺滑熟"的聪明灵巧，"铜豌豆"式的
傲岸不屈，"除是阎王亲自唤"的至死无悔。文人风流自古有之，
但往往被视为勋业功名，道德文章之外的小小点缀，不能过于离
经叛道。杜牧曾经慨叹自己"十年一觉扬州梦"的风流生涯，柳
永曾经因为"彩线慵懒伴伊坐"而被晏殊鄙薄。而关汉卿却以
"普天下郎君领袖，盖世界浪子班头"为傲，游戏人间，纵情狂
放，以夸张的方式彰显出一种自由肆意的精神人格。

元代曲家不能以功名勋业实现人生价值，达到人生的"不

朽";也不能掌控自己的命运，改变未来的前途。他们被迫流落于市井，既然无法脱离，索性彻彻底底地融入其中。上到帝王将相，下到贩夫走卒，都成为他们描写的对象；日常生活中的琐细小事和身边的器物，也都在曲词中表现出来。有的优美动人，有的鄙薄不堪。关汉卿的散曲中，有一首颇为滑稽的［仙吕·醉扶归］《秃指甲》：

> 十指如枯笋，和袖捧金樽。搊杀银筝字不真，揉痒
> 天生钝。纵有相思泪痕，索把拳头揾。

再看看关汉卿好友王和卿的一首小令［双调·拨不断］《长毛小狗》：

> 丑如驴，小如猪，山海经检遍了无寻处。遍体浑身
> 都是毛，我道你有似个成精物，咬人的箬帚。

秃指甲和长毛小狗，都是鄙俗丑陋的东西，关汉卿、王和卿却毫不顾忌地写入曲中。王和卿的散曲滑稽诙谐，"咬人的箬帚"形象生动，令人喷饭。关汉卿写一位秃指甲的歌伎，"字不真"，"天生钝"的缺陷引人发笑，同时也有隐约的凄凉。这样的题材的确浅薄俚俗，但他们故意用生活中的"丑"与"俗"入曲，故意去逆反传统审美与道德，挑战着温柔敦厚，雍容大雅的评判标准。这是一种奇特的反抗方式，在扬波溷泥的行为底下，是自由傲岸的人格精神，还有内心深处所有的愤懑不平。所以我们读元代散曲时，往往并不能将他们字里行间的讥嘲视为简单的肯定或者否

定。嬉笑之怒，甚于裂眦；长歌之哀，过于痛哭。狂狷大笑的底下往往蕴藏着更深的悲凉。

　　而这种自由肆意的态度带来的另一重心境，是及时行乐的。自由的生命与世俗生活的享受密不可分，所以关汉卿常在笔端玩风吟月，饮醇酒伴美人。这个世界就像他的沧浪之水，美丑好恶信手拈来，濯缨濯足各尽其用。他曾经写下［南吕·一枝花］《杭州景》套数，描绘元初杭州城的美丽与繁华。城市中"百十里街衢整齐，万余家楼阁参差"，山水则是"吴山色千叠翡翠"，"钱塘江万顷玻璃"。最后归结为"家家掩映渠流水，楼阁峥嵘出翠微。遥望西湖暮山势，看了这壁，觑了那壁，纵有丹青下不得笔"。他描写美丽的小丫鬟"鬓鸦，脸霞，屈杀将陪嫁"；称赞玩蹴鞠的女校尉"演习得踢打温柔，施逞得解数滑熟"，这些人事山水，在关汉卿的散曲中处处绽放出活力和光彩。"眠花卧柳"也好，"玩府游州"也好，他毫不掩饰对一切美好事物的眷恋与赏爱。尽管"避世"，但关汉卿所期冀的从不是一个杳无人迹的世界。他远离了宦海风波和不公的社会，掩盖了内心的愁苦和愤懑，曲中浸润的则是傲岸的人格，戏玩的态度，以及一以贯之的自由精神。

2. 深情炽烈的情感世界

　　婚恋爱情是关汉卿的散曲中最常见的题材。与之前大部分文学作品中温柔含蓄的女性形象相比，关汉卿笔下的爱情堪称是炽烈如火，情感的深挚和描写的直截都惊世骇俗。爱慕、思念、分别、幽期密会、甚至翻云覆雨……在他的散曲中都大胆地加以描绘，展现出从未有过的放肆和鲜活。著名的［仙吕·一半儿］《题情》，四首曲子都用"一半儿"来描摹女性心理，细腻入微而又直白如话：

> 云鬟雾鬓胜堆鸦，浅露金莲簌绛纱，不比等闲墙外花。骂你个俏冤家，一半儿难当一半儿耍。
>
> 碧纱窗外静无人，跪在床前忙要亲。骂了个负心回转身。虽是我话儿嗔，一半儿推辞一半儿肯。
>
> 银台灯灭篆烟残，独入罗帏淹泪眼。乍孤眠好教人情兴懒。薄设设被儿单，一半儿温和一半儿寒。
>
> 多情多绪小冤家，迤逗得人来憔悴煞。说来的话先瞒过咱，怎知它，一半儿真实一半儿假。

第一首的情景是一对恋人的约会，女子着意装扮自己，显然是为"悦己者容"，对恋人怀着真挚的感情。但面对男子的求爱依然含羞带恼，自重身份，说自己"不比等闲墙外花"。骂一句"俏冤家"当然不是真的恼火，只是一半儿羞涩，一半儿玩笑罢了。第二首是一个无人打扰的空间，男子按捺不住，跪在床前便想要亲热。女子嗔怒地骂他"负心"，但心中却是"一半儿推辞一半儿肯"。第三首中写出"孤眠"，显然是恋人没有到来。原因我们并不明了，但女主人公"一半儿温和一半儿寒"的感受却可以想象得出。想到相聚时的缠绵眷恋，欢悦时光，自然是温暖的；但现在却独自一人，孤枕难眠，回忆的温暖终究会被现实的凄寒侵去了一半。第四首则是辗转反侧，思前想后，疑惑顿生。尽管每次都蜜语甜言，但谁知道他有没有隐瞒，说的话是不是一半真，一半假？

见面时羞涩而喜悦的心情，调情时恼火而娇嗔的情态，回忆与思念交织的心情，心理终究放不下的猜疑，无论是哪一种情感，都在短短数句中表现得体贴入微。［双调·新水令］套数中，对情爱的描写更是大胆直白。赴约的女子"颤钦钦把不定心头怕，不敢将小名呼咱"，"怕别人瞧见咱，掩映在荼蘼架"，期待而担心的心情呼之欲出。等到与情人见面时，强烈的情感冲决而出，却丝毫没有了畏惧羞涩，"怀儿里搂抱着俏冤家，揾香腮悄语低低话"。情人临走时还殷勤嘱咐，"你明夜个早些儿来，我专听着纱窗外芭蕉叶儿上打"。

这样无所顾忌的描写，却是健康，炽烈，充满活力的，丝毫不让人觉得鄙俗。曾经在重重桎梏下不能明言，不敢道出的感情，在这种礼教观念淡薄的市井"俗曲"中扯去了所有遮掩，以真挚美好的方式呈现出来。他笔下的恋情大多是两情相悦的，或者至少在主人公的心里，始终抱持着一心一意的念头和坚贞不移的等待。［中吕·普天乐］《崔张十六事》张生初见莺莺时"颠不剌见了万千，似这般可喜娘罕见，引动人意马心猿"。之后又在心中思量，"若得来心肝儿敬重，眼皮儿上供养，手掌儿里高擎"。对莺莺的喜爱，尊重与呵护溢于言表。［黄钟·侍香金童］中的女主人公"伽伽拜罢，频频祷祝：不求富贵豪奢，只愿得夫妻每早早员备着"。［中吕·古调石榴花］《怨别》中的女子被弃守香闺，但依然不忘当初"嗒各辨着个坚心，要拨个终缘之计"。［大石调·青杏子］《离情》中的男主人公在被迫与情人分别后，"与怪友狂朋寻花柳，时复间和哄削瘦。对着浪蕊浮花懒回首，怏怏归来，元不饮杯中酒"。离别后的相思之情刻骨铭心，想要去消愁解闷，但面对着"浪蕊浮花"却毫无意兴，最终还是"怏怏归来"。这种对爱情的执著和坚守，又是何等难能可贵。

关汉卿散曲中的爱情并不都是如胶似漆。离别时的依依不舍，别后的刻骨相思，更是他惯常描写的主题。如〔双调·沉醉东风〕的第一首，写一对恋人相送话别的场景：

> 咫尺的天南地北，霎时间月缺花飞。手执着饯行杯，
> 眼阁着别离泪，刚道得声保重将息，痛煞煞教人舍不得。
> 好去者望前程万里！

柳永写《雨霖铃》，分别时"执手相看泪眼，竟无语凝噎"，以一种欲说还休的含蓄委婉，以及苍茫阔远的景物描写，烘托出别离的悲伤不舍。关汉卿则更直白，更强烈，"咫尺霎时"与"天南地北"，"月缺花飞"的强烈对比，使那种别离的痛苦瞬间击中人心。他还惯常使用一种"代言独白"的方式，用主人公的口吻将自己的心理和情感在曲中倾诉出来。如〔双调·碧玉箫〕：

> 你性随邪，迷恋不来也；我心痴呆，等到月儿斜。
> 你欢娱受用别，我凄凉为甚迭？休谎说，不索寻吴越。
> 嗏，负心的教天识者！

不再像传统诗词中以旁观者的角度进行转述，而是直接使用第一人称。语气更加强烈，声口更加肖似，使读者仿佛在直接倾听主人公的叙述，情感的交流与接受更少阻隔。关汉卿有时也用景物环境的描写来渲染气氛，如〔南昌·四块玉〕《别情》：

自送别，心难舍，一点相思几时绝？凭栏袖拂杨花雪。溪又斜，山又遮，人去也！

　　词句清丽优美，杨花如雪，柔软缠绵，拂之不去，恰如那"一点相思"般萦绕心头，无从排遣。"溪又斜，山又遮"则给人一种重重阻隔，望眼欲穿的距离感，使"人去也"的悲伤清晰强烈地传达出来。

　　关汉卿在散曲中经常大力描写女性的美丽，并且不同于以往文学作品中楼头思妇，闺中少女的形象，他笔下的女子往往健康明朗，充满活力，风采夺人。他写娇俏动人的小丫鬟，"文谈回话，真如解语花"①，赞美女艺人珠帘秀"十里扬州风物妍，出落着神仙"②。〔双调·碧玉箫〕中有两首写到荡秋千的女子：

　　红袖轻揎，玉笋挽秋千；画板高悬，仙子坠云轩。额残了翡翠钿，髻松了柳叶偏。花径边，笑撚春罗扇。扇，玉腕鸣黄金钏。

　　笑语喧哗，墙内甚人家？度柳穿花，院后那娇娃，媚孜孜整绛纱，颤巍巍插翠花：可喜煞，巧笔难描画。他，困倚在秋千架。

　　两首曲子中都用笑声来点染青年女子的娇憨和洒脱，她们的

————————

①关汉卿〔中吕·朝天子〕《书所见》。
②关汉卿〔南吕·一枝花〕《赠珠帘秀》。

风姿如同"仙子坠云轩","巧笔难描画",比起后世对女子"行不露足,笑不露齿"的强制要求,这两位秋千女是何等的开朗动人。元代城市商业兴旺,娱乐业随之发展,许多女艺人抛头露面,以姿容才艺,言谈风采使无数人为之倾倒。在两首[越调·斗鹌鹑]套数中,关汉卿都描写了蹴鞠女子在场上的英姿飒爽。如《蹴鞠》:

蹴鞠场中,鸣珂巷里。南北驰名,寰中可意。夹缝堪夸,抛声尽喜。那换活,煞整齐。款侧金莲,微那玉体。唐裙轻荡,绣带斜飘,舞袖低垂。

[紫花儿]打得个桶子臁特硬,合扇拐偏疾。有一千来邹拾,上下泛匀匀的。论道儿直,使得个插肩来可喜。扳搂抄杂,足窝儿零利。

[小桃红]装跷委实用心机,不枉了夸强会,女辈丛中最为贵。煞曾习,沾身那取着田地。赶起了白踢,诸馀里快收拾。

[调笑令]喷鼻,异香吹,罗袜长粘见色泥。天生艺性诸般儿会,折末你转花枝勘臁当对,鸳鸯叩体样如画的,到啜赚得校尉每疑惑。

[秃厮儿]粉汗湿珍珠乱滴,宝髻偏鸦玉斜堆。虚蹬落实拾蹑起,侧身动,柳腰脆,丸惜。

[圣药王]甚旖旎,解数儿希,左盘右折煞曾习。甚整齐,省气力,旁行侧脚步频移,来往似粉蝶儿飞。

[尾]不离了花畔柳影闲田地,斗白打官场小踢。竿网下世无双,全场儿占了第一。

曲中的动作描写生动紧凑，一气呵成，"换步那踪，趋前退后，侧脚傍行"①，"虚瞪落实拾摄起，侧身动，柳腰脆"，将紧张活跃的场上情景再现于读者面前。他描摹女校尉们的情态"粉汗湿珍珠乱滴，宝髻偏鸦玉斜堆"，即便鬓发散乱大汗淋漓，依然有着动人的风采。他称赞她们"天生艺性诸般儿会"，"女辈丛中最为贵"，将美好的形容毫不吝惜地用在这些女性的身上。不仅如此，关汉卿还感叹"惟蹴鞠最风流"，觉得"平生肥马轻裘，何须锦带吴钩"，"得自由，莫刚求"。他眷恋蹴鞠场上的潇洒风流，喜爱这些健康明朗的女子；那个贤愚颠倒的世界，风波海、鬼门关一样的官场，与之相比不啻天渊。写情也好，写人也好，他笔下的情感都真挚而深切，纵然描写直露，也洋溢着鲜活的生命力和坦率的态度，遂能动情而感人。正如郑振铎先生所说："……他的许多小令，写闺情，写别怨，写小儿女的意态，写无可奈何的叹息，写称心快意的满足，几乎没有一首不好，不入木三分。比柳词还要谐俗，比山谷词还要艳荡，却又比山谷词还要令人沉醉，同时却又那样的温柔敦厚，一点也不显出粗鄙恶俗。"②

3. 雅俗并存的语言风格

作为早期的戏曲作家，关汉卿的散曲往往表现出多种多样的语言风格。有些优美雅致，有些则浅白通俗。郑振铎曾经评价说："他的作风，无论在小令或套数里，所表现的都是深刻细腻、浅而

---

①关汉卿 [越调·斗鹌鹑] 《女校尉》。
②郑振铎 《中国俗文学史》。

不俗、深而不晦的；正是雅俗共赏的最好的作品。"①其中格调风雅如［双调·碧玉箫］：

膝上琴横，哀愁动离情；指下风生，消洒弄清声。琐窗前月色明，雕阑外夜气清。指法轻，助起骚人兴。听，玉漏断人初静。

以"月色明"，"夜气清"的景致，衬托出主人公夜不能寐，抚琴遣愁的心绪。"漏断人初静"的场景，寂寞旷远的气氛一如苏词。他的许多小令和套数也都融情入景，渲染出优美如画的意境。譬如［正宫·白鹤子］，四首曲子都是五言，节奏明快色彩鲜亮。前两首先写春天的自然景观，"澄澄水如蓝，灼灼花如绣"，一片明媚鲜妍；而风景中更有热闹的人事，"花边停骏马，柳外缆轻舟。湖内画船交，湖上骅骝骤"。后两首则从环境渲染转向情感描摹，写一对恋人的幽期密约，"鸟啼花影里，人立粉墙头。春意两丝牵，秋水双波留"。"春意"与"秋水"一语双关，"丝"与"思"谐音，是民歌中惯常使用的手法，将春情与春景巧妙地萦牵在一起。最后一句"月在柳梢头，人约黄昏后"，直接化用前人词句，情意缠绵，宛然如在目前。

关汉卿写景往往着意于色彩，或艳丽鲜明，或清新雅洁。［双调·碧玉箫］中"红叶满山溪，松径偏宜，黄菊绕东篱。正清尊斟泼醅，有白衣劝酒杯"，红叶、黄菊、白衣交相辉映。［双调·大德歌］六首中第五首的雪景描写："雪粉华，舞梨花，再不

①郑振铎：《插图版中国文学史》（二）。

见烟村四五家。密洒堪图画，看疏林噪晚鸦；黄芦掩映清江下，斜缆着钓鱼槎。"雪漫清江，烟村渺茫，黄芦掩映，确然是"堪图画"的摹写。而［双调·大德歌］的《春夏秋冬》四首曲子，更是将情人分别之后的相思之情与四季变化的风景合而为一。春天的"虚飘飘柳絮飞"，如同春愁萦缭；夏天想着恋人不知道在何处"绿杨堪系马"，只好在窗下"数对清风想念他"。秋天天气转凉，"风飘飘，雨萧萧"，孤枕难眠，珠泪暗滴，而此时"秋蝉儿噪罢寒蛩儿叫，淅零零细雨打芭蕉"，令人倍感凄凉。冬天"雪纷纷，掩重门"，而女主人公因为思念容颜清减，已经是"瘦损红梅韵"。最后叹息道"香闺里冷落谁瞅问，好一个憔悴的凭栏人"。四首小令如同四时民歌，风景变迁，愁绪缱绻，清丽的词句如同画卷般铺展开来。

　　贯云石曾评价关汉卿"造语妖娆，如小女临杯，使人不忍对滞"①。关汉卿散曲中"俗"的一面，那些妖娆风流，肆意佻达的文字，以另一种方式让人倾倒。［双调·新水令］中前去与恋人幽会的女子"髻挽乌云，蝉鬓堆鸦，粉腻酥胸，脸衬红霞，袅娜腰肢更喜恰，堪讲堪夸"，那一段风流态度直如从曲词中走来。后文更是"两情浓，兴转佳，地权为床榻，月高烧银蜡"。所有的情感都毫无掩饰，毫无顾忌，烈火般炽热，水流般自然，这大概就是贯云石所说令人"不忍对滞"的缘由。多坦率而少含蓄，多直露而少婉曲，落笔恣意，而言浅情深。在同一套曲子中，关汉卿也会采用不同的风格，笔下雅俗并见。如［仙吕·翠裙腰］《闺怨》套数的前两支曲子：

---

　　①贯云石《阳春白雪序》。

晓来雨过山横秀，野水涨汀洲。栏杆倚遍空回首，
下危楼，一天风物暮伤秋。

［六幺遍］乍凉时候，西风透。碧梧脱叶，余暑才
收。香生凤口，帘垂玉钩。小院深闲清昼。清幽，听声
声蝉噪柳梢头。

秋风微凉，雨后一片清幽，独倚栏杆思念远行之人，原本优
美清新的笔调，到了第三支曲子却忽然一转：

［寄生草］为甚忧？为甚愁？为萧郎一去经今久。玉台
宝鉴生尘垢，绿窗冷落闲针绣。岂知人玉腕钏儿松，岂知
人两叶眉儿皱。

"萧郎一去经今久"的微怨轻愁，"两叶眉儿皱"的可怜可
爱，令清旷的秋景骤然多了三分妩媚风情，娇憨态度。王国维在
《宋元戏曲史》中说："元曲之佳处何在？一言以蔽之，曰：自然
而已矣。"关汉卿的散曲，可以说是这句话很好的注脚。

评论家们经常用"当行本色"来形容关汉卿的戏剧语言，杂
剧如此，散曲亦然。那些"嘲风弄月，留连光景"①的表述，有时
融于风景画图中，更多时候则是热情直白地表露出来，声口肖似，
本色俱见。［中吕·普天乐］《崔张十六事》中莺莺为张生寄送寒
衣，"三般儿都有个因由：这袜儿管束你胡行乱走，这衫儿穿的

---

① ［元］邾经：《青楼集序》，《中国古典戏曲论著集成》（二），中国戏剧出版社
1959，15页。

着皮肉，这里肚常系在心头"。原本都是普通衣物，却因为穿着的地方有了情感的寄托，而显得生动活泼，妙趣横生。[双调·碧玉箫]的第三首，写女子与恋人分别后的"相思病"："盼断归期，划损短金篦。一搦腰围，宽褪素罗衣。知它是甚病疾，好交人没理会。拣口儿食，陡恁的无滋味。医，越恁的难调理。"平常如见的琐事，浅切生动的口语，将那种知道起因却无从医治的"病症"，描述得淋漓尽致。关汉卿惯于在散曲中使用代言体，一方面使情感更为逼真，另一方面曲中的语言也更加生活化，更容易为观众所接受和理解。[二十换头][双调·新水令]套数，写一对被迫分离，历经波折终于团圆的恋人。套曲中男子和女子的口吻轮换使用，格外生动感人。两人分别时，女子愁绪满怀，"心间愁万千不能言"，待到临别那一刻，内心的情感忽然迸发出来："真个索去也么天！真个索去也么天！再要团圆，动是经年，思量杀俺也么天！"字字真情吐露，刹那间令人动容。而男子与恋人话别远行，夜宿孤村，难免要思及情人，辗转反侧："晚宿在孤村怎生眠，伴人离愁月当轩。月员，人几时员？不似他南楼上斗婵娟。"情境依稀像柳永《雨霖铃》中"今宵酒醒何处，杨柳岸，晓风残月"，只是更加口语化，更加浅显坦率。等到男子求取功名归来，却因为长期分别而遭到恋人的猜疑。他心急如焚，"百般的陪告，一并的求和，只管里熬煎"。最后被逼得说出一番话来："胡猜咱、胡猜咱居帝辇，和别人、和别人相留恋。上放着、上放着赐福天，你不知、你不知神明见！"每一句前三个字都重复两次，一如赌咒发誓时心急火燎，口吃语拙的语气。男主人公又是恼怒又是心痛，急着剖明心迹："我半载来孤眠，信口胡言，枉了把我冤也么冤！"最终一双恋人尽释前嫌，言归于好，"美满姻缘，风流缱缱"。尽管只是套曲，关汉卿却用通俗生动的语言，将两个人的心理和情境的变化写得如在目前，就像当面上演的一出轻喜剧。

《录鬼簿》中称元代的曲家们"于学问之余，事务之暇，心机灵变，世法通疏，移宫换羽，搜奇索怪，以文章为戏玩者，诚绝无而仅有者也"。关汉卿的散曲中总是富于"机趣"的，文字的技巧和修辞格的运用，在元代曲家中也是独擅胜场。〔双调·沉醉东风〕中"忧则忧鸾孤凤单，愁则愁月缺花残。为则为俏冤家，害则害谁曾惯。瘦则瘦不似今番，恨则恨孤帏绣衾寒，怕则怕黄昏到晚"，全用变化的排比句，将离愁别绪一波波推向高峰。〔南吕·一枝花〕《不伏老》中，"攀出墙朵朵花，折临路枝枝柳；花攀红蕊嫩，柳折翠条柔。浪子风流。凭着我折柳攀花手，直煞得花残柳败休。半生来折柳攀花，一世里眠花卧柳"，整只曲子由"花"，"柳"二字重复贯穿，仿佛一下将人推入花街柳巷的氛围当中。"伴的是银筝女，银台前、理银筝、笑倚银屏；伴是玉天仙，携玉手、并玉肩、同登玉楼；伴的是金钗客，歌金缕、棒金樽、满泛金瓯"，银、玉、金三个字各用四个词组搭配成句，节奏铿锵，朗朗上口。〔南吕·一枝花〕《赠珠帘秀》中咏珠帘以喻人，"轻裁虾万须，巧织珠千串，绣带舞蹁跹"三句中隐含"珠帘秀"三字，巧妙绝伦。此外如比喻、双关、倒装、对偶、反复等修辞方法，以及曲词中的各处"衬字"，都用得手到拈来，恰到好处。

学者李昌集先生在《中国古代散曲史》中写道："关汉卿在元初曲家中最富有生气，最富于创造精神，元散曲的若干不同风格和别有的机趣，在关氏散曲中均可找到其例。甚至可以说，关汉卿的散曲乃是整个元散曲的缩影。豪放泼辣，温和典雅，诸格皆存，极度的'放倒'，淡淡的伤感、急切透辟的'理趣'、诙谐有趣的滑稽，在关氏散曲中无不有杰出的表现。在散曲史上，大量创作散套，并将之运用得十分纯熟的又首推关汉卿。可以说，散曲文学若干特有的形式，特有的机趣，关汉卿都已'导夫先路'。关汉卿被公允为'元曲四大家'之首，杂剧固不待言，论其散曲，亦当之无愧。"这一段对于关汉卿散曲的评价，是非常公允准确的。

结语：一生之精神所寓

关汉卿是元初最著名的戏曲家之一，无论从创作实践还是表演实践上来说，都有着丰富的经验和杰出的贡献。他是大都玉京书会的参与者和领导人之一，而且"偶倡优而不辞"，躬行实践，亲自粉墨登场。贾仲明在吊词中称他"驱梨园领袖，总编修师首，捻杂剧班头"；在后世，更被誉为"元曲四大家"之首。在杂剧和散曲两方面，关汉卿都堪称是扬波导澜之人。

据钟嗣成《录鬼簿》记载，元曲家高文秀被人称为"小汉卿"，南方曲家沈和甫以南北调合腔闻名于世，极尽工巧，被称为"蛮子关汉卿"。可见，关汉卿在元代便已经是曲苑中的前辈大师，成为戏剧家们取法效仿的榜样。他的杂剧作品数量众多，本色当行，为元杂剧体制的发展和成熟树立了典范。周德清《中原音韵》中说当世乐府之备"则自关、郑、白、马"，并赞扬他们"一新制作，韵共守自然之音，字能通天下之语"。从体制，曲调，曲词几个方面肯定了上述四人的开创之功，这也正是"元曲四大家"称谓的由来。将关汉卿列于首位，可见元代曲论家对他的评价之高。王骥德《曲律》中也说："作北曲者，如王、马、关、郑辈，创法甚严。终元之世，沿守惟谨，无敢逾越。"在戏剧发展史上，将宋杂剧、金院本、诸宫调删削整合，加以改造，创制出元杂剧这种新的艺术样式，是在元初逐渐完成的。不能说关汉卿就是这一体制的确立者，但他的"创法"之功，绝对不可抹杀。

关汉卿的杂剧情节跌宕，结构巧妙，语言独具特色，很多剧目不仅在当时盛行，此后数十乃至数百年间依然盛演不衰，被后人借鉴改编的作品更是不计其数。《单刀会》一直到清朝仍在上演①，当时的同名昆曲也是在关汉卿杂剧原本的基础上改编而成。王季烈盛赞"二十年流不尽的英雄血"一句，说"尤为神来之笔，宜其盛行于世，已六七百年之久也。"②《谢天香》、《调风月》、《窦娥冤》等剧流传极广，元代杂剧散曲中每每引以为典故。如高敬臣散曲 [黄蔷薇过庆元贞]："燕燕别无甚孝顺，哥哥行在意殷勤。三纳子藤箱儿问肯，便待要锦帐罗帏就亲。吓得我惊极列蓦出卧房门，他措支剌扯住我皂腰裙，我软兀剌好话儿倒温存。一来怕夫人性情哏，二来怕误妾百年身。"所述正是《调风月》中小千户引诱燕燕的情节。四大南戏之一的《拜月亭》也是从关汉卿的同名杂剧概括改编而来，王国维《宋元戏曲考》十五《元南戏之文章》评论说："明代如何元朗、臧晋叔、沈德符辈，皆谓《拜月》出《琵琶》之上。然《拜月》佳处，大都蹈袭关汉卿《闺怨佳人拜月亭》杂剧，但变其体制耳。"

莎士比亚曾经借哈姆莱特之口说："自有戏剧以来，它的目的始终是反映自然，显示善恶的本来面目，给它的时代看一看它

---

①俞樾《茶香室丛钞》卷十八《杂剧》："……按此等杂剧，今传者无多，惟《关王单刀》，尚盛行于世，未知与明代有异同否也。"

②王季烈《孤本元明杂剧提要》。

自己演变发展的模型。"①在这一点上，无论古今中外，所有的戏剧都是相通的。关汉卿的笔也许没有能力去改变当时社会的现状，但却将他的道德观念，情感之所寄托，对于社会的认识和思考，全都放到了戏曲之中。在杂剧里，他塑造了上至帝王将相，下至市井小民的诸多人物形象：建功立业的英雄，多情勇敢的女子，贫困苦读的书生，善良纯朴的百姓；当然也有跋扈嚣张的恶霸，贪婪昏庸的官员……他的笔掠过千年历史，但借由历史呈现出的则是元代社会的一幅风情画。在散曲中，他时而避世长歌，时而诙谐笑骂，笔端流泻出真挚炽烈的情感，让人看到了来自民间的鲜活生命力，以及无论如何也不会被压弯的文人傲骨。那个特殊的历史环境下，文人没有立身之地，百姓没有公正天理可以寻求，弱小者得不到保障，强权者横行无忌。而关汉卿用他的戏曲，在舞台上揭露黑暗的现实，予人以希望和慰藉，在人们心中注入了生活的勇气和抗争的力量。

所以，关汉卿的曲词中总是充塞着一股粗犷雄肆的风力。北曲原本就声调激越，"令人神气鹰扬，毛发洒淅，足以作人勇往之志"②，关氏则把这种"神气鹰扬"发挥到了淋漓尽致。关羽单刀过江的豪勇，窦娥刑场上的怒斥，燕燕怨恨填胸的指责，邓夫人悲愤的恸哭……无不酣畅痛快，惊风雨而泣鬼神。明代曲论家何良俊批评关氏的文辞"激厉而少蕴藉"③，但无论是怒气填膺还是情之所至，关汉卿笔下曲词都如同人物口中自然流出，又何须"蕴藉"来作文饰？学者吴梅在《词曲讲义》中说，与王实甫的

---

① 《哈姆莱特》第三幕第二场。
② 徐渭《南词序录》。
③ 何良俊《四友斋丛说》卷三十七《词曲》。

"妍丽之言"相比，关汉卿是"以雄肆易其赤帜，所作《救风尘》《玉镜台》《谢天香》诸剧，类皆奔放滉漾，跅弛以自喜"；而元人之词大约有三家宗法，"喜豪放者学关卿，工研炼者宗二甫，尚轻俊者效东篱"。这种豪放恣肆的风格在有元一代影响深远，乔吉"烟霞状元，江湖醉仙，笑谈便是编修院。流连，批风抹月四十年"①，"不应举江湖状元，不思凡风月神仙"②的浪子面目，钟嗣成〔南吕·一枝花〕《自序丑斋》中"生前难入画，死后不留题"的自嘲，都带着关汉卿的影子。

所以黄宗羲在《靳熊封诗序》写道："从来豪杰之精神，不能无所寓。老庄之道德，申韩之刑名，左迁之史，郑服之经，韩欧之文，李杜之诗，至师旷之音声，郭守敬之律历，王实甫、关汉卿之院本，皆其一生之精神所寓也。苟不得其所寓，则若龙拏虎跛，壮士囚缚，拥勇郁遏，愤激讦，溢而四出，天地为之动色，而况于其他乎！"

关汉卿"一生之精神所寓"，全在他的戏曲之中。原本被视为"小道末技"的市井文学，却让一代学者黄宗羲青眼相加，与左迁之史，韩欧之文，李杜之诗等同视之。胡侍《珍珠船》中有一段评价："……《单刀会》《敬德不伏老》《苏子瞻贬黄州》等传奇，率音调悠圆，气魄宏壮，后虽有作，鲜之与京矣。……所谓'不得其平而鸣焉'者也。"在元代"避世"的潇洒和"玩世"的诙谐之下，其实深深隐藏着的依然是"愤世"的激扬蹈厉之气，"不平则鸣"的儒者襟怀。而自诩为"郎君领袖"，"浪子班头"

---

①乔吉〔仙吕·六幺遍〕《自述》。
②乔吉〔双调·折桂令〕《自述》。

的关汉卿，这种"不平"表现得尤为明显。他嬉笑怒骂，愤世嫉俗，玩风弄月，醉花眠柳，放荡不羁的底下却暗蕴着"西晋竹林诸贤托杯酒自放之意"[①]。在一个黑暗的时代里，既然无法"出世"，只能用另一种方式"处世"。关汉卿响当当的"铜豌豆"精神贯彻了他的杂剧和散曲，彰显着狂狷傲岸的人格，雄肆豪放的力量，铮铮有声的铁骨。元曲之所以成为"一代之文章"，正是因为有这样的人文精神，自由品格作为它的底色。"一空依傍，自铸伟词，而其言曲尽人情，字字本色，故当为元人第一"[②]，这一赞誉，关汉卿是当之无愧的。

①臧晋叔《元曲选序二》。
②王国维《宋元戏曲史》。